Torsten Kämpfer

Das BMW Motorrad Typenbuch

BMW R80 G/S
Das exklusive Vergnügen ..

... Freizeit individue
zu genießen
BMW R80 G/S

Torsten Kämpfer

Das BMW Motorrad Typenbuch

Die komplette Modellgeschichte

Unser komplettes Programm:

www.geramond.de

Produktmanagement: Martin Distler
Lektorat: Guido Saliger
Satz/Layout: Peter Schneider
Repro: Cromika s.a.s., Verona
Umschlaggestaltung: artesmedia, München
Herstellung: Thomas Fischer
Printed in Italy by Printer Trento

GeraMond Verlag
Lektorat
Postfach 80 02 40
D-81602 München
E-Mail: lektorat@geramond.de

Die Deutsche Nationalbibliothek –
CIP-Einheitsaufnahme
Ein Titeldatensatz für diese Publikation ist bei
der Deutschen Nationalbibliothek erhältlich.

© 2008 GeraMond Verlag GmbH, München

ISBN 978-3-7654-7710-2

Über den Autor:
Torsten Kämpfer ist leidenschaft-
licher Motorradfahrer. Am liebs-
ten fährt er voll bepackt mit seiner
BMW GS kreuz und quer durch
Europa. Auf seiner Internetpräsenz
www.r1200gs.de finden sich
immer die neuesten Informationen
zu Entwicklungen aus dem Hause
BMW. Der Schwerpunkt liegt
hierbei auf der GS-Baureihe.

Inhalt

Inhalt

Inhalt

Vorwort

Seit 1923 baut BMW Motorräder und fasziniert weltweit eine große Fangemeinde. Bis heute hat es die Marke mit dem Propeller im Emblem geschafft, das Gefühl zu bewahren, als BMW-Fahrer ein besonderes Fahrzeug zu bewegen. Aber nicht nur die Motorräder alleine begeistern. Als Mitglied der BMW-Familie kann man eintauchen in eine Welt aus Events, wie beispielsweise den alljährlichen BMW Motorrad Days und Aktivitäten, wie den Fahrtrainings im Enduropark Hechlingen.

Auch ansonsten versteht es BMW seit vielen Jahren, den Interessenten und Käufern Komplettpakete aus Fahrzeugen, Sonderausstattungen, Zubehör und Bekleidung anzubieten. Bisher ist der Eintrittpreis in diese Welt recht hoch. BMW hat dies auch erkannt und praktiziert seit Jahren eine aktive Verjüngung der Zielgruppe in Form von dynamischeren und erschwinglicheren Modellen. Das dieser Weg nicht einfach ist und die Marke bei der Jugend immer noch nicht als sonderlich cool wahrgenommen wird, dürfte wohl Tatsache sein. Aber BMW wäre nicht BMW, wenn man so schnell aufgeben würde.

Der Kauf von Husqvarna und die Teilnahme an der Superbike-WM 2009 sind Schritte in die richtige Richtung. Da BMW schon immer gut für Innovationen und Überraschungen war, dürfen wir gespannt sein, mit was uns das Unternehmen in den nächsten Jahren überrascht. Dieses Buch bietet einen kompletten Überblick über alle BMW Motorräder seit den Anfängen bis heute. Außerdem werden die technischen Innovation im Überblick dargestellt und die Geschichte der Marke mit ihren vielen Rennsporterfolgen kommt auch nicht zu kurz!

Viel Spaß beim Lesen und Entdecken!

Torsten Kämpfer

Linke Seite: Die sportliche R 1200 S steht bereit zum zügigen Surfen auf Landstraßen.

Typologie und Kürzel

Von 1923 bis 1993 fingen alle BMW Motorrad-Modelle mit der Bezeichnung **R** an. Erst mit dem Erscheinen der F 650 änderte sich das. Das **F** (vermutlich von Funduro abgeleitet) blieb bis 2007 die Typbezeichnung für die Einzylinder-Enduros. Seit der Markteinführung der **G**-Modelle hat sich das geändert. Seitdem steht das G für BMW Einzylinder und die 2006 eingeführten 800 Kubikzentimeter-Zweizylinder-Modelle haben das F übernommen.

Das **K** steht schon seit Anfang (K 100) an für die Vierzylinder-Modelle. Das änderte sich auch nicht mit der Markteinführung der Modelle mit quer eingebautem Motor (K 1200 S).

Den Hubraum konnte man nicht immer aus der Modellbezeichnung ableiten. Bei den früheren Modellen weist eine voran gestellte 5 in der Regel auf eine 500 Kubikzentimeter-Maschine, ebenso verhält es sich mit der 6 für 600 Kubikzentimeter. Eine 2 weist meist einen Einzylinder aus. Erst mit Modellen wie der R 50 oder R 75 wurden langsam die Hubräume exakt aufgeführt; wobei immer eine Null weggelassen wurde (R 100 steht so für 1000 Kubikzentimeter-Boxer).

Bleiben noch die jeweiligen Bezeichnung hinter den Hubraumangaben. Zwar änderten sich die Beschreibungen im Laufe der Jahrzehnte, aber grundsätzlich kann man sagen, dass die Kürzel den folgenden Begriffen zugeordnet werden können:

S	Sport
CS	ClassicSport, später für Scarver
R	Roadster
RS	Renn- oder ReiseSport
RT	ReiseTourer
LT	LuxusTourer
GT	GrandTourismo
GS	GeländeStraße
ST	Straßenversion bei GS- und F-Modellen und SportTourer
C	Cruiser
CL	CruiserLuxus
X	Cross
HP	HighPerformance

Paris–Dakar oder später Adventure
stehen für die Abenteuer-Version einer GS.

Erläuterungen zur Auflistung der Fahrzeugdaten

Die Preise sind bis zum Gespann R 75 in Reichsmark (RM) ausgewiesen. Danach, bis zur Euroumstellung im Jahr 2001, in Deutsche Mark (DM).

Ab der R 50 wurde auf den Hinweis „Fußschaltung" verzichtet, da es keine Handhilfshebel oder komplette Handschaltung mehr gab.

Die Ausweisung „Übersetzung Hinterradantrieb" wird wegen der Option Seitenwagen ab Werk und der daraus resultierenden Unterschiede bis einschließlich der 60er-Jahre in den Datentabellen aufgeführt.

Ab R 50/5, Baujahr 1969, wird die Sitzhöhe relevant und entsprechend ausgewiesen.

Linke Seite:
Die R45 hatte ab Werk keine Verkleidung und ist heute ein echter Klassiker.

BMW Motorrad – Eine Retrospektive

Erstmalige Nennung des Markennamens Bayerische Motoren Werke im Jahr 1917

Mit dem Friedensvertrag von Versailles 1919, der den ersten Weltkrieg formal beendete, schien auch die Erfolgsgeschichte von BMW vorläufig vorüber zu sein. Bis dahin hatte sich die noch junge BMW AG, die aus der BMW GmbH, beziehungsweise der 1913 gegründeten Rapp Motorenwerke GmbH hervorgegangen war, in der Hauptsache mit der Herstellung von Flugmotoren beschäftigt. Der Entwickler Max Friz, der bereits innovative Flugzeug-Motoren gebaut hatte, machte aus der Not eine Tugend und konstruierte in Rekordzeit das erste BMW Motorrad: die R 32. Die auf dem Pariser Salon im Jahr **1923** präsentierte Maschine ist die Basis für den bis heute andauernden Unternehmenserfolg von BMW Motorrad. Schon damals besaß die Maschine den charakteristischen Boxer-Motor und den bis heute von BMW-Fahrern geschätzten wartungsarmen Kardanantrieb.
Auf Basis der R 32 entwickelte der junge Ingenieur Rudolf

Schleicher **1924** das Sportmotorrad R 37 mit dem ersten ohv-Motor (ohv = oben hängende Ventile). Standard waren zu der Zeit sv-Motoren, also mit seitlichen Ventilen.

Mit leicht modifizierten R 37 fuhren Franz Bieber und Rudi Reich in den Jahren **1924** und **1925** die Deutsche Meisterschaft für BMW ein.

1926 gewann Rudolf Schleicher eine Goldmedaille bei der Sechstagefahrt in England.

Der erste BMW Einzylinder kam **1925** mit der R 39 auf den Markt. Die Maschine besaß 247 Kubikzentimeter Hubraum und 6,5 PS Leistung.

Waren die Boxer bis **1927** maximal 500 Kubikzentimeter groß, so änderte sich dies mit dem Erscheinen der neuen Modelle R 62 und R 63. Die **1928** in den Markt eingeführten Boxer-Motorräder besaßen einen Hubraum von 745 Ku-

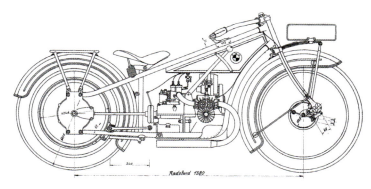

Das erste BMW Motorrad, die R 32, besitzt bereits Boxermotor und Kardanantrieb.

12

bikzentimeter. Bis zum Erscheinen der R 90-Modelle Anfang der 70er-Jahre sollten die 750er-Modelle die Fahrzeuge mit den größten Boxer-Motoren bleiben.

Der BMW Werksfahrer Ernst Henne stellte **1929** den ersten seiner insgesamt 76 Motorrad-Geschwindigkeits-Weltrekorde auf. Auf einer Landstraße trieb er die 750er-Boxer-Maschine auf sagenhafte 216,75 Stundenkilometer. BMW nutzte diesen Rekord für die Werbung und erhielt so internationale Anerkennung.

Als Anfang der 30er-Jahre die Weltwirtschaftskrise mit ihren schweren volkswirtschaftlichen Auswirkungen auch über

Deutschland hereinbrach, ist es die **1931** präsentierte R 2, die BMW das Überleben sicherte. Sie verkaufte sich deshalb so gut, weil sie mit ihrem 198 Kubikzentimeter Einzylinder-Viertakt-Motor sowohl von der Kraftfahrzeugsteuer, als auch von der Führerscheinpflicht befreit war.

1933 gewann die BMW Werksmannschaft mit den Fahrern Ernst Henne, Josef Mauermayer und Josef Stelzer erstmals die Internationale Sechs-Tage-Fahrt von England.

1935 fuhr Ernst Henne bei Frankfurt am Main mit einer 750-Kubikzentimeter- und 100-PS-Kompressor-Maschine mit

Das Logo des Herstellers im Wandel der Zeit: 1927, 1933, 1954, 1974, 1979 und 2007 (v. oben links nach unten rechts)

Die BMW R 2: Ein klassisches BMW Einzylinder-Motorrad aus den 30er-Jahren

256,04 km/h neuen absoluten Weltrekord. Im selben Jahr präsentierte BMW die weltweit erste hydraulisch gedämpfte Teleskopgabel an der R 12 und R 17.

1936 überraschte BMW die Öffentlichkeit mit der völlig neu konstruierten R 5. Der bekannte Pressstahlrahmen wurde durch einen geschweißten Ovalrohrrahmen ersetzt. Mit der Einführung der Fußschaltung wurde parallel dazu noch ein Hilfshandschalthebel am Motorblock verbaut.

Im November **1937** stellte Ernst Henne mit einer 500 Kubikzentimeter-BMW mit einer Geschwindigkeit von 279,503 Stundenkilometer einen neuen Weltrekord auf. Die Maschine war mit einer Vollverkleidung in Stromlinienform

optimiert. Die Leistung der BMW betrug sagenhafte 100 PS.

1938 wurde das 100 000ste BMW Motorrad ausgeliefert und BMW präsentierte an der R 51 die sensationelle Hinterradfederung. Im gleichen Jahr wurde Georg Meier erstmalig mit einer 500-Kubikzentimeter-BMW, die eine Spitze von 210 Stundenkilometer realisierte, Europameister.
Ein Jahr später, **1939**, gewann Georg Meier auch die legendäre Tourist Trophy auf der Isle of Man.

Die Produktion des Wehrmachtsgespannes R 75 wurde im Oktober **1942** nach Eisenach verlegt, da die Fertigungsanlagen in München nun ausschließlich für die Herstellung von Flugmotoren verwendet wurden.

1937: Ernst Henne und sein „ewiger Rekord" von 279,5 km/h.

Nach Kriegsende **1945** erlebte die BMW R 35 (letzte Pressstahlrahmen-BMW) im Eisenacher Werk unter russischer Verwaltung als EMW R 35 eine Wiedergeburt und wurde bis **1955** im Ostblock überwiegend als Behördenmaschine eingesetzt.

Georg (Schorsch) Meier konnte auch nach Kriegsende das Rennfahren nicht lassen und gewann **1947** die Deutsche Meisterschaft. Da die Kompressor-BMW nicht mehr dem internationalen Rennsport-Regelement entsprach, wurden die Vorkriegsmaschinen auf Saugmotoren umgestellt.

1948 wurde mit der BMW R 24, einem 250 Kubikzentimeter-Motorrad, die Produktion im Werk München wieder aufgenommen. Schorsch Meier wurde erneut Deutscher Meister. Er verteidigte diesen Titel in den folgenden Jahren 1949, 1950 und 1953.

1950 erschien mit der R 51/2 der erste Nachkriegs-Boxer. BMW hatte die Entwicklung aufgrund der Hubraumbeschränkung der alliierten Besatzungsmächte im Geheimen vorangetrieben. Im selben Jahr siegten Ludwig Kraus und Berhard Huser mit einem Renngespann (Kombination aus alter Kompressor-BMW aus der Vorkriegszeit mit aufgebohrtem R 75-Gespann-Motor) in der Deutschen Meisterschaft. Das 100-Meilen-Motorrad (160 Stundenkilometer) R 68 wurde von BMW im Jahr **1950**

1939: Sieg für Georg Meier bei der „Senior Tourist Trophy" auf seiner BMW Kompressor

17

als internationaler Imageträger präsentiert. Der 600-Kubikzentimeter große Boxermotor entwickelte eine Leistung von 35 PS.

Wilhelm Noll und Fritz Cron fuhren **1954** mit dem RS-Gespann den ersten Weltmeistertitel ein.

Im selben Jahr fuhr Wilhelm Noll mit dem Gespann 280,8 Stundenkilometer schnell: Weltrekord! Nach einem Kilometer erreicht er mit stehendem Start 139 Stundenkilometer. Nach einer Meile war er 166 Stundenkilometer schnell. Mit einer Durchschnittsgeschwindigkeit von 266 Stundenkilometer über fünf Kilometer hielt er auch in dieser Disziplin den Rekord. BMW schaffte es, sich in der Fol-

gezeit alle Rekorde im Gespann-Bereich zu sichern.

1955 wurden die neuen Boxer-Modelle R 50 und R 69 mit dem Vollschwingenfahrwerk ausgeliefert. Ein Jahr später folgte das Einzylinder-Modell R 26.

Walter Zeller wurde auf BMW RS **1956** mit nur zwei Punkten Rückstand Vizeweltmeister. Er war neben Georg Meier einer der besten BMW Rennfahrer in den 50er-Jahren. Zuvor hatte er bereits in den Jahren 1951, 1954 und 1955 die Deutsche Meisterschaft für sich entscheiden können.

1959 geriet BMW in eine wirtschaftliche Krise und erhielt ein befristetes Sanierungsangebot von

*Hauptversammlung der BMW AG
1959 – Die Weichen werden neu
gestellt.*

Daimler-Benz, das jedoch von
den versammelten Kleinaktionä-
ren und der Belegschaft abgelehnt
wurde. Mit staatlicher Unterstüt-
zung wurde BMW in den Folgejahren erfolgreich saniert.

Im Jahr **1960** sorgte das sportliche
Spitzenmodell R 69 S mit ihren
beeindruckenden Leistungsdaten
von 42 PS und 175 Stundenkilometer Höchstgeschwindigkeit international für Aufsehen.

Die 60er-Jahre waren für BMW
im Geländesport und bei Ge-
spannrennen sehr erfolgreich. Die
Rennfahrer Ibscher, Hintermaier
und Rettschlag gewannen vier
Meisterschaften mit ihren Gespan-

nen. Sebastian Nachtmann fuhr alleine fünf Titel als Geländemeister
heraus. In der Summe kamen von
1960 bis 1966 zwölf deutsche
Meisterschaften zusammen.

1967 kaufte BMW die Hans Glas
GmbH auf, um deren Standorte in
Dingolfing und Landshut für die
eigene Produktion zu nutzen. Bereits Mitte der 60er-Jahre war die
Kapazitätsgrenze im Werk München erreicht.

Die neue /5-Modellreihe wurde
ab **1969** in Berlin-Spandau produziert. Der Umzug der Motorradproduktion nach Berlin war
wegen der zunehmenden Automo-
bilfertigung nötig geworden.

Großaktionär Herbert Quandt holte **1970** Eberhard v. Kuenheim als Vorstandsvorsitzenden in die BMW Führungsebene. Der junge Eberhard v. Kuenheim schaffte es in den Folgejahren, das Unternehmen international erfolgreich zu platzieren und so die Zukunft langfristig zu sichern.

Nach 50 Jahren Motorradproduktion, also im Jahr **1973**, wurde in Berlin das 500 000ste BMW Motorrad produziert. In diesem Jahr wurden mit den neuen Modellen R 90/6 und R 90 S neue Hubraumklassen erreicht. Die heute legendäre R 90 S war das erste Motorrad weltweit mit serienmäßiger Cockpit-Verkleidung.

Die BMW Kredit GmbH feierte **1971** ihr Gründung. Sie legte die Basis für das ständig zunehmende Finanzierungs- und Leasing-Geschäft des Herstellers. Auch für die Händlerschaft geriet dies zu einem immer wichtiger werdenden Instrument.

1972 startete BMW in Südafrika: Der Importeur war in Schwierigkeiten geraten. BMW wollte den Markt aber nicht verlieren und baute dort die erste Produktionsstätte außerhalb von Deutschland auf.

Zwar stand **1972** schon die Fassade, doch bezugsfertig war der neue und innovative BMW-Vierzylinder, wie das Gebäude

1970: Grundsteinlegung des Werks Dingolfing mit Hans Koch, Herbert Quandt, Eberhard von Kuenheim und Ministerpräsident Alfons Goppel (von links)

schlicht genannt wird, erst im Jahr 1973. Allerdings wuchs die Firma damals schneller als erwartet und so war der Firmensitz bereits von Anfang an zu klein angelegt.

Klaus Enders wurde auf der BMW RS **1974** zum sechsten Mal Weltmeister in der Seitenwagenklasse.

Mit der R 100 RS brachte BMW **1976** die erste vollverkleidete Serienmaschine auf den Markt. Die im Windkanal von Pininfarina ausgetüftelte Verkleidung sah nicht nur gut aus, sondern sie funktionierte auch hervorragend. Die RS repräsentierte die Speerspitze der neuen 1000-Kubikzentimeter-Boxer-Generation. Im gleichen Jahr gewann Helmut Dähne als erfolgreichster BMW-Fahrer der 70er-Jahre zusammen mit Hans-Otto Buthenut die Production TT auf der Isle of Man in Großbritannien.

Ein Jahr nach der Präsentation der R 100 RS mit ihrer windschnittigen Vollverkleidung demonstrierten die Bayern das ganze Potential der RennSport-BMW in Form von fünf Weltrekorden über 10 und 100 Kilometer sowie über 6, 12 und 24 Stunden.

Die kleinen Boxer-Modelle R 45 und R 65 wurden **1978** vorgestellt. Die Fahrzeuge waren neu konstruiert worden und speziell die 450er-BMW war mit ihren 27 PS optimal für Einsteiger geeignet. In diesem Jahr stieg die Produktion erstmals über 30 000 Einheiten.

1979 begann die Kooperation zwischen der BMW AG und der österreichischen Steyr-Daimler-Puch AG. Drei Jahre später sollte BMW das Werk unter der Firmierung BMW Motoren GmbH, Steyr, komplett übernehmen.

Ebenfalls in diesem Jahr wurde der Grundstein für die neue K-Serie gelegt. Der Entwickler Josef Fritzenwenger, der sich für das „Compact Drive System", bestehend aus dem liegendem wassergekühlten Reihenvierzylinder-Motor mit Kardanantrieb und Einarmschwinge, verantwortlich zeichnet, wurde hierfür von Herbert Quandt mit einem Ehrenring ausgezeichnet.

Das legendäre Geländesport-Team von **1979** ebnet den Weg für die später folgende R 80 G/S. Die Teammitglieder waren Rolf Witthöft, Laszlo Peres, Dietmar Beinhauer (Teamchef), Kurt Fischer, Herbert Schek und Richard Schalber.

1980 präsentierte BMW die Mutter aller Reiseenduros: die R 80 G/S. Mit ihr stellte BMW auch die revolutionäre Monolever-Schwinge vor.

Hubert Auriol gewann **1981** auf einer BMW Boxer-Enduro die Rallye Paris-Dakar.

1983 begann die Ära der neuen Vierzylinder mit der Präsentation der neuen Modelle K 100 und K 100 RS. Hier kam das neue, patentierte Compact-Drive-System zum Einsatz.

Linke Seite:
Der charakteristische BMW-
Vierzylinder (davor das Museum)

Hubert Auriol gewann erneut die Rallye Paris–Dakar auf einer BMW.

1984 gewann der ehemalige Motocross-Weltmeister Gaston Rahier aus Belgien die Rallye Paris–Dakar. Ein Jahr später, 1985, konnte er diesen Erfolg mit der wohl schönsten Rallye-GS wiederholen.
Am 1. März **1984** wurde das neu gebaute Werk in Berlin-Spandau seiner Bestimmung übergeben.

Hubert Auriol im Rallye-Einsatz

Ebenfalls in diesem Jahr schob BMW die kleine K-Serie in Form der K 75 C mit Dreizylinder-Motor nach.

Auf vielfachen Kundenwunsch erlebten die Modelle R 100 RS **1986** und die R 100 RT 1987 auf Basis der R 80 ein Markt-Revival.

Mit der R 100 GS präsentierte BMW **1987** nicht nur die stärkste Enduro der Welt, sondern auch

die völlig neue Paralever-Hinter-radschwinge.

Im März **1988** kündigte BMW in einer Pressemeldung die Premiere des ersten ABS (Anti-Blockier-System) als Sonder-ausstattung für die K-Modelle an. Die R 100 GS war in diesem Jahr das meistverkaufte Motorrad in Deutschland.

Auf der IFMA in Köln wurde die aerodynamisch gebaute K 1 dem staunendem Publikum erstmals gezeigt. Der Vierventil-Vierzylin-der-Motor war mit der digitalen Motorsteuerung Motronic ausge-rüstet.

Auf Basis der digitalen Motor-elektronik entwickelte BMW den Katalysator für die K-Modelle.

Die Siegermaschine der Rallye Paris–Dakar von 1985

Für das große Abenteuer:
Reiseenduro R 100 GS Paris–
Dakar mit 35-Liter-Benzintank

Die Kombination von ABS und Katalysator stellte **1990** weltweit ein absolutes Alleinstellungsmerkmal für BMW Motorräder dar.

In Berlin Spandau lief mit der K 1100 LT im Jahr **1991** die erste BMW mit einem Hubraum von mehr als 1000 Kubikzentimeter vom Fertigungsband. Am 18. März **1991** wurde schließlich das 1000 000ste Motorrad in Berlin produziert.

Jutta Kleinschmidt gewann **1992** die Damenwertung der Rallye Paris–Dakar auf einer Serien-R 100 GS Paris–Dakar und legte den Grundstein für ihre weitere Rallye-Karriere.

1993 war ein großes BMW-Jahr. Mit der R 1100 RS gab BMW den

Startschuss zur neuen Vierventil-Boxer-Ära und führte den Telelever und die elektronische Einspritzung als technische Grundlage für einen Katalysator ein. Ebenfalls neu: das überarbeitete ABS II.

Mit der F 650 präsentierten die Münchner **1993** nach über drei Jahrzehnten wieder ein Einzylindermotorrad. Erstmalig wurde eine BMW mit einem Ketten-Hinterradantrieb angeboten. Die Konzeptionierung und das Design lagen zwar völlig in der Hand von BMW, allerdings wurde die technische Umsetzung und Realisierung zusammen mit den europäischen Kooperationspartnern Aprilia (Produktion) und Rotax-Bombardier (Motorentwicklung) umgesetzt.

BMW Motorrad – Eine Retrospektive

Ein Jahr nach der R 1100 RS kamen **1994**, mit der R 1100 GS, R 1100 R und R 850 R weitere Modelle mit dem neuen Boxer-Motor auf den Markt. Im gleichen Jahr wurde der Enduro Park Hechlingen eröffnet. In dem können bis heute begeisterte Teilnehmer ihre und die Grenzen eines Motorrads unter der fachkundigen Anleitung von Instruktoren im Gelände ausloten.

Eine weitere Erfolgsgeschichte nahm im Jahr **1995** mit der neu präsentierten R 1100 RT ihren Anfang. Die RT sollte im Zuge ihrer Bauzeit über 50 000 Mal gebaut werden. Diese Zahl überschritt BMW Motorrad in diesem Jahr erstmals auch im Gesamtabsatz von gebauten Motorrädern.

Als tragisches Jahr für alle Fans der Zweiventil-Boxermodelle dürfte wohl **1996** in Erinnerung bleiben. Denn hier endete die Zeit der klassischen Boxer mit der zuletzt gebauten R 80 GS Basic für immer. Das ultimative Ende einer anderen Ära läuteten die K 75-Ultima-Modelle ein. Mit ihnen endete die Geschichte der BMW Dreizylinder. Dafür präsentierte BMW Ende **1996** mit der K 1200 RS die bislang stärkste Serien-BMW. Die 130 PS Leistung sorgten für Aufsehen.

007 fuhr ihn zuerst, den neuen BMW Cruiser R 1200 C. Diese Maschine wurde durch den Agenten ihrer Majestät im James-Bond-Film „Der Morgen stirbt nie" spektakulär eingesetzt. Auch wenn die

Die erste kettengetriebene BMW mit modernem Einzylinder: die F 650

dort gezeigte Art der Fortbewegung nicht der Fahrzeugphilosophie entsprach, so errang die C doch eine Fangemeinde. Einer damaligen Pressemeldung zufolge ging der Erfolgskurs von BMW mit dem Erreichen der Milliarden-Umsatz-Grenze stetig weiter nach oben.

Im Jahr **1998** brachte BMW zwei Modelle auf den Markt, deren Zielgruppe unterschiedlicher nicht hätte sein können. Die R 1100 S begeisterte die sportlich ambitionierten Boxer-Fahrer und das rollende Wohnzimmer K 1200 LT verwöhnte mit überbordendem Fahrkomfort und Ausstattung.

Zwar flammte ein Jahr zuvor das Rallye-Engagement von BMW mit der Teilnahme an der Rallye

Dakar wieder auf, aber erst **1999** wurde der Einsatz durch den Gewinn der Veranstaltung (Granada–Dakar) von Richard Sainct auf einer Schalber-Ralley-F auch gebührend belohnt. In der Damenwertung gewann sensationell Andrea Mayer, ebenfalls auf einem BMW-Einzylinder.

Zum Ende des Jahrtausends erhielt die Boxer-GS zahlreiche Modifikationen und hieß fortan R 1150 GS. Zur gleichen Zeit zog BMW den völlig überarbeiteten Single F 650 GS aus dem Ärmel. Sie war der erste Einzylinder mit Benzineinspritzung, elektronischem Motormanagement und geregeltem Dreiwege-Katalysator. Ebenfalls eine Besonderheit im Einzylinder-Segment war das op-

Die James Bond-Einsatzmaschine aus „Der Morgen stirbt nie": BMW Cruiser R 1200 C

tional erhältliche Anti-Blockier-System.

Schorsch Maier, der legendäre BMW-Rennfahrer, verstarb **1999** im Alter von 89 Jahren. Im Rahmen seiner aktiven Karriere von 1938 bis 1953 gewann er fast alle Wettbewerbe, an denen er teilnahm.

Die Rallye Paris-Dakar-Kairo wurde **2000** vom BMW Motorrad-team Gauloises unter der Leitung von Richard Schalber dominiert. Richard Sainct konnte seinen Sieg souverän wiederholen. Keine Dominanz auf den Straßen erreichte der im selben Jahr eingeführte BMW Roller C 1.

Die bereits im Jahr **2000** vorge-stellten Rallye-Boxer BMW R 900

RR blieben bei ihrem Einsatz **2001** mit zwei Platzierungen in den Top Ten leider nur mäßig erfolgreich. Um so erfolgreicher verlief das Rallye-Jahr für Andrea Mayer, die die Damenwertung gewann.

Das Schlagwort für das Jahr **2001** war sicher „BMW Integral ABS". Daneben wurde die Modellpalette mit den Fahrzeugen R 1150 RT, R 1150 RS und R 1150 R auf den neuen Motor upgegradet.

2002 wurde wohl eines der schönsten BMW-Motorräder aller Zeiten in Form der R 1100 S BoxerCup Replika angeboten. Sie war die Straßenversion jener populären Maschinen, die beim internationalen BoxerCup, den es seit 2001 offiziell gab, eingesetzt wurden.

Durchbrach erstmals die 100-PS-Grenze bei BMW Motor-rad: die pfeilschnelle K 1200 RS

BoxerCup-Szene: Fernando Cristóbal, Matthieu Lagrive (von links).

Rechte Seite:
BMW R 1100 RT: Komfortabler Reise-Boxer mit bis heute treuer Fangemeinde

Ein ebenfalls sehr wichtiges Modell **2002** war die neue R 1150 GS Adventure, die mit optionalem 30-Liter-Tank „weltreise-tauglich" daher kam. Auch sie wurde ab **2003** mit dem neuen Integral-ABS ausgestattet.

Im Jahr **2003** feierte BMW das Jubiläum 80 Jahre BMW-Motorräder. Gekrönt wurde dieser Moment der BMW Geschichte mit dem Sondermodell R 1150 R Rockster Edition 80. BMW führte die Doppelzündung bei den Boxer-Modellen ein.

2004 stand ganz im Zeichen der R 1200 GS. Die neue Generation der Boxer-GS glänzte nicht nur mit einem deutlich verringerten

Gewicht im Vergleich zu ihrer Vorgängerin R 1150 GS, mit ihr debütierte auch das CAN-Bus-System, welches den üblichen Kabelbaum ersetzt. Auch die Motor- und Antriebseinheit samt Paralever wurden komplett neu konstruiert und stark optimiert.
Ebenfalls technische Meilensteine der BMW Motorradgeschichte waren die mit der K 1200 S präsentierten Features Duolever (Vorderradführung) und das elektronisch einstellbare ESA-Fahrwerk. Mit ihr kam auch erstmal der völlig neue Vierzylinder zum Einsatz.

2005 erschien die HP 2. Diese bis 2007 gebaute Boxer-Enduro

verkörperte den Wunsch vieler Fans nach einer leichten und geländegängigen GS. Leider hatte das High-Performance-Motorrad mit 17 300 Euro ohne Überführungskosten seinen Preis und so kamen nicht viele in den Genuss, eine HP 2 zu fahren oder gar zu besitzen. Mit der HP 2 zeigte BMW erstmals das neue Luftfederbein.

Die HP 2 wurde ihrem Konstruktionsgrundsatz folgend bei zahlreichen Motorsportveranstaltungen erfolgreich eingesetzt. Mit den Fahrern Simo Kirssi, Jimmy Lewis und Christian Pfeiffer nahm BMW 2005 an dem legendären Erzberg-Rodeo, einem Rennen in der österreichischen Steiermark, teil und gewann den Gesamtsieg des Iron Road Prologs.

HP 2 Enduro im Geländeeinsatz

Linke Seite:
BMW-Angriff auf die etablierte Konkurrenz im Endurosport – die innovative G 450 X

Aber nicht nur im Geländesektor wurden 2005 spektakuläre Neuheiten der Öffentlichkeit vorgestellt. Auch für die Straße brachte BMW mit dem damals „stärksten Roadster der Welt", der brachial anmutenden K 1200 R, Fahrfreude unter das Volk. Die nackte Version der K 1200 S weckte starke Emotionen von Faszination bis Ablehnung, ließ aber kaum jemanden kalt. **2006** sollte dann eine R Sport mit Halbschalenverkleidung folgen.

Mit der neuen R 1200 R brachte BMW ebenfalls 2006 einen unspektakulären, aber schnellen Boxer-Roadster auf den Markt, der bei den Fans der unverkleideten R-Modelle auf große Begeisterung stieß. Mindestens genauso wichtig war die Vorstellung der neuen Zweizylinder-F 800-Modelle. Die Mittelklasse-Fahrzeuge F 800 S und ST schlossen die Lücke zwischen den BMW-Einzylindern und den großen Boxern. Die S-Version sollte mit ihrer Halbschalenver-

kleidung und Gesamtauslegung eher den sportlich orientierten Fahrer ansprechen. Die ST hingegen war, bzw. ist ein kleiner Sporttourer mit gutem Windschutz und bequemerer Sitzposition.

Im selben Jahr ging das neue Integral-ABS ohne Bremskraftverstärker an den Start. Das ABS der neuesten Generation basiert nicht mehr auf dem alten System, sondern wurde mit reduziertem technischen Aufwand komplett neu konstruiert. Ebenfalls neu und innovativ war die Antriebs-Schlupf-Regelung.

Mit der HP 2 Megamoto stellte BMW der Enduro eine Über-SuperMoto zur Seite und erreicht so eine völlig neue Zielgruppe. Die Megamoto verkörpert Kraft und Dynamik schon im Stand.

Eine neue Fahrzeugklasse (zumindest im BMW-Sortiment) gründete BMW mit der Einführung der neuen G-Modelle. Für die junge

Die BMW G 650 Xmoto traf auf zu starke und preiswertere Konkurrenz am Markt.

Zielgruppe wurde ein Modell für jeden Einsatzbereich gebaut. Eine Xchallenge für den Ritt ins Gelände, eine Xmoto für die Nachwuchs-SuperMoto-Fahrer und eine Xcountry für die jungen Enduro-Wanderer oder Stadtindianer. Die technische Basis ist bei allen drei Modellen identisch.

Das Jahr **2007** begann mit einer Rekordmeldung: Erstmals seit Bestehen der Firma wurden in einem Jahr über 100 000 Motorräder (exakt 100 064 Einheiten) gebaut

und verkauft. Insgesamt erhöhte sich die Zahl der BMW Motorräder damit auf zwei Millionen.

Eine ebenfalls erfreuliche Nachricht erreichte die BMW Gemeinde im April 2007 mit der Meldung, dass BMW mit einer Renn-Boxer-S (auf Basis der R 1200 S) in den Straßenrennsport zurückkehrte und an den legendären 24-Stunden-Rennen von Le Mans beziehungsweise an der Endurance-WM 2007 teilnehmen würde.

Die 100 000ste Maschine 2006 war eine R 1200 R.

Altehrwürdige K 75 S (rechts) neben neuzeitlicher Super-K 1200 S mit 167 PS Leistung.

Das Jahr **2007** ging so weiter, wie es angefangen hatte, mit der Meldung von Rekordzahlen. Am 27. Juli wurde verkündet, dass die 100 000 BMW R 1200 GS (GS: 84 373 Einheiten, Adventure: 15 627 Einheiten) vom Band gerollt war. Somit ist die GS das erfolgreichste BMW-Motorrad aller Zeiten. Insgesamt wurden seit Erscheinen der R 1100 GS 219 468 GS-Modelle der Vierventil-Generation gebaut.

Aus dem BMW Biker-Meeting wurden **2007** die BMW Motorrad-Days in Garmisch-Partenkirchen. Mittlerweile ist es schon Tradition. Jedes Jahr im Juli pilgern die BMW-Fans aus der ganzen Welt in die bayerischen Alpen, um dort gemeinsam zu feiern. Viel Action gibt es jedesmal auf dem X-Track und bei der Streetbike Freestyle Show.

Anfang Oktober **2007** meldete BMW Motorrad die Übernahme des Traditionsunternehmens Husqvarna Motorcycles. Tags zuvor hatte Herbert Diess als Mitglied des Vorstands und ehemaliger Leiter BMW Motorrad den Vertrag unterzeichnet. Der Firmensitz im norditalienischen Varese soll nach Firmenangaben bestehen bleiben. Mit der neuen Konzernmarke will BMW neue Märkte und Segmente erobern sowie eine junge Zielgruppe ansprechen. Der Kurs in Richtung „Alter der Käuferschicht senken" wird also weiter verfolgt.

Im gleichen Monat wurden die Teilnahmen an der Superbike-WM, der Enduro-WM und der German-Cross-Country-Championship angekündigt. Speziell für diese Einsätze entwickelte BMW die Sportenduro G 450 X.

BMW Motorrad – Eine Retrospektive

Anfang **2008** gibt es neue Rekordzahlen. Der Absatz konnte im Vergleich zu 2006 um weitere 2,4
Prozent auf insgesamt 102 467
Einheiten gesteigert werden. Unterstützt wird der andauernde Erfolgskurs der Marke BMW durch
die Neueinführung der F 650 GS
und F 800 GS mit neuem Zweizylinder-Motor.

Die HP 2 Sport ist neben dem
neuen 1000-Kubik-Superbike der
sportliche Höhepunkt der Neuzeit.
Der exklusive Sportboxer reizt das
antiquierte Motorprinzip mit
133 PS Leistung bis weit in den
roten Bereich aus und setzt somit
eine neue Bestmarke für BMW
Serien-Boxer – zum stolzen Preis
von 21 600 Euro.

HP 2 Sport in voller Schräglage

*Flott auf der Landstraße
unterwegs: Der kompromisslose
Sport-Boxer R 1200 S*

Technische Innovationen und Meilensteine

1924: ohv-Motor (oben hängende Ventile)

1935: weltweit erste hydraulisch gedämpfte Teleskopgabel

1936: BMW bringt die R 5 mit revolutionärem Ovalrohrrahmen, der den Pressstahlrahmen ersetzt.

1938: BMW präsentiert mit der R 51 eine technische Sensation: die Hinterradfederung.

1955: Die Boxer-Modelle R 50 und R 69 erhalten das neue Vollschwingenfahrwerk. Ausgestattet mit einer geschobenen Vorderradschwinge in Kombination mit einer Langarmschwinge am Hinterrad wird eine hohe Fahrstabilität erreicht.

1973: BMW präsentiert die R 90 S mit der ersten serienmäßigen Cockpit-Verkleidung.

1976: BMW bringt mit der R 100 RS die erste vollverkleidete Serienmaschine auf den Markt.

1978: BMW lanciert die kleinen Boxer R 45 und R 65 mit kurzhubiger Auslegung.

R 5 mit modernem Rohrrahmen aus dem Jahr 1936

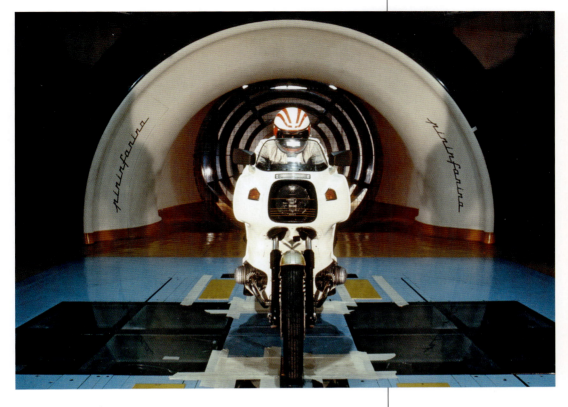

1980: BMW präsentiert mit der R 80 G/S die Einarm-Monolever-Schwinge. Diese Konstruktion ist im Geländesport schon ausreichend auf ihre Haltbarkeit getestet worden und kommt ausgereift auf den Markt.

1983: Die neue K-Serie wird mit dem Compact-Drive-System präsentiert.

1987: BMW bringt mit der Paralever-Schwinge mit Momentabstützung eine technische Innovation. Mit dieser Technik kann der für viele Fahrer unangenehme Fahrstuhleffekt (Heben und Senken des Fahrzeughecks beim Gasgeben und -wegnehmen) weitgehend eliminiert werden.

1988: Als erster Hersteller weltweit bietet BMW ein Motorrad-ABS an – optional als Sonderausstattung für die K 100-Baureihe. Das System ist zusammen mit

R 100 RS mit aerodynamischer Vollverkleidung im Windkanaltest bei Pininfarina.

Wartungsfreundlich und innovativ: Die Monolever-Schwinge der BMW R 80 G/S

Paralever-Schwinge der BMW R 100 GS mit Momentabstützung von 1987

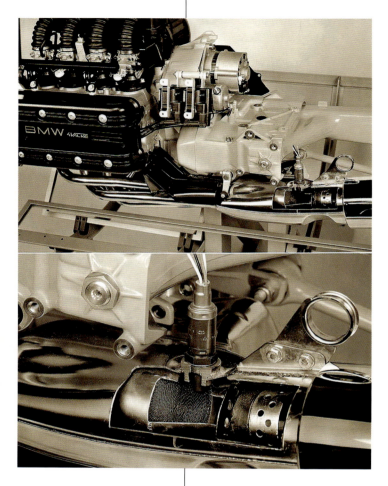

Mit der R 1100 RS wird auch die innovative Vorderradführung Tele-lever am Markt eingeführt. Hierbei sind die Teleskoprohre über einen drehbar gelagerten Längslenker mit der Gleitrohrbrücke verbun-den. An diesem Längslenker sitzt das zentrale Federbein. So wird die Telegabel von der Federung und Dämpfung befreit und dient nur noch der Radführung und der Lenkkraftübertragung. Das Ergeb-nis ist ein gering ausgeprägtes Bremsnicken auf der Vorderhand.

Mit der Markteinführung der R 1100 RS kommt auch das ABS II. Diese zweite Generation besitzt moderne Digital-Regel-technik und dadurch ein wesent-lich verbessertes Regelverhalten. Die Bremskraftausnutzung kann gesteigert werden. Eines der wichtigsten Merkmale des ABS II ist jedoch die neue Kompaktheit und das sehr niedrige Gewicht von knapp sechs Kilogramm (ABS I: rund elf Kilogramm). Ebenfalls 1993 wird nach über 30 Jahren wieder ein Einzylinder (erstmals mit Kette am Hinterrad) angeboten. Dieses Projekt wurde in Kooperation mit Aprilia und Rotax-Bombardier entwickelt.

K-Vierzylinder mit Katalysator
im Querschnitt

der Firma FAG Kugelfischer ent-wickelt worden.

1990: Für die K-Modelle wird der erste geregelte Dreiwege-Kataly-sator für Motorräder angeboten. Technische Basis hierfür ist das elektronische Motormanagement „Motronic". Käufer der K 75-Mo-delle können das ABS der ersten Generation optional bestellen.

Revolutionäre Vorderradführung:
Der Telelever am Beispiel einer
R 1100 RS

1993: BMW führt die neue Generation der Boxer-Motoren mit Vierventil-Technik ein.

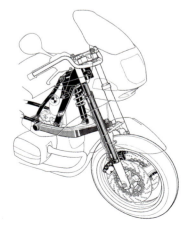

Technisch aufwendige Auspuffanlage der Einzylinder-Enduro F 650 GS

1999 kommt der F 650-Nachfolger F 650 GS mit innovativer Technik auf dem Markt. Die Einzylinder-Maschine hat eine hochmoderne Benzineinspritzung, ein elektronisches Motormanagement und einen geregelten Dreiwege-Katalysator. Optional kann man erstmals für einen Einzylinder ein Anti-Blockier-System ordern.

2000 überrascht BMW das staunende Publikum mit dem Zukunftsgefährt C 1. Doch das Fahrzeug ist wohl seiner Zeit voraus und wird nicht richtig angenommen.
Im neu angebrochenen Jahrtausend liefert BMW als einziger Motorradhersteller weltweit alle seine Modelle mit einem geregelten Dreiwege-Katalysator aus. Ein weiterer Meilenstein ist das für den Luxus-Liner K 1200 LT angebotene Navigationssystem.

War seiner Zeit voraus und würde neu konzeptioniert in die heutige Zeit passen – der C1.

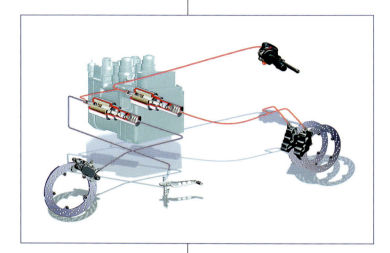

Vollintegral-ABS der K 1200 LT

Innenaufbau des neuen Boxer ab 2004 mit 1 200 Kubikzentimeter

2001 ist das Jahr des „BMW Integral ABS". Auf der Intermot 2000 wird es vorgestellt und soll neue Maßstäbe in der Bremsentechnologie und aktiver Fahrsicherheit setzen. Es besitzt einen elektrisch-hydraulischen Bremskraftverstärker und eine adaptive Bremskraftverteilung. Das System verstärkt die Betätigungskräfte von Hand- und Fußbremshebel, um schnell die maximale Bremswirkung zu erzielen. Das neue Bremssystem feiert als Vollintegral-Version in der K 1200 LT und als Teilintegral-Version in der sportlichen R 1100 S Premiere.

2003 führt BMW bei den Boxer-Modellen (mit Ausnahme der R 1200 C) die Doppelzündung ein. Das Gemisch wird nun in jedem Brennraum durch zwei Zündkerzen entflammt. Zu erkennen sind diese Modelle an den unterschiedlichen Ventildeckeln.

2004 kommt mit der R 1200 GS das CAN-Bus-System für BMW-Motorräder auf den Markt. Dieses ersetzt den klassischen Kabelbaum. Die Daten laufen auf einer (Single-Wire-System) festgelegten Spur und warten auf ihren Abruf. Alle elektronischen Komponenten hängen an dieser „Hauptschlagader" und sind somit direkt mit dem Steuergerät aber nicht mehr direkt untereinander verbunden, was sich bei einer herkömmlichen Verkabelung zur Kommunikation der Einzelkomponenten nicht vermeiden lässt. Hiermit kann die Anzahl der Baukomponenten verringert werden. So werden Fehleranalysen mit Diagnosegeräten möglich. In der R 1200 GS kommt der neue 1200-Kubikzentimeter-Boxer-Motor erstmals zum Einsatz. Das Grundprinzip des Boxers bleibt unangetastet. Im Detail jedoch ist jedes Teil überarbeitet oder sogar neu entwickelt worden. Obwohl der Motor auf 1200 Kubikzentimeter wächst, hat er drei Kilogramm Gewicht verloren. Die Leistung steigt, eine Ausgleichswelle verringert Vibrationen.

2004 wird der Paralever für die R 1200 GS komplett überarbeitet. Sofort fällt die nach oben gewandte Momentabstützung auf, die in dieser Position besser vor Beschädigungen im Gelände ge-

Präzises Lenkverhalten mit gutem Federungseigenschaften an der K 1200 S dank Duolever Vorderradführung

schützt ist. Die neue Konstruktion ist trotz gewonnener Steifigkeit rund zehn Prozent leichter. Alle neuen Boxer-Modelle erhalten ab 2004 den neuen Paralever, in den K 1200-Modellen wurde die Grundkonstruktion entsprechend an den Vierzylinder angepasst. Nach dem innovativen Telelever bringt BMW 2004 die moderne Vorderradführung Duolever in der neuen K-Baureihe. Im Prinzip ist das ein Gelenkviereck aus zwei fast parallelen drehbar gelagerten Längslenkern. Über zwei Kugelgelenke ist der Radträger mit den Längslenkern verbunden und kann so Lenkbefehle umsetzen.

Das Jahr der Technik-Sensationen geht 2004 mit dem neuen K-Motor und dem ESA-Fahrwerk weiter. Der neue K-Motor ist jetzt quer eingebaut. Für BMW-Verhältnisse entwickelt das neue Aggregat mit 167 PS enorm viel Leistung.

ESA-Federbein mit elektrischem Stellmotor für die Einstellung per Knopfdruck vom Lenker aus

Schon bei 3000 Umdrehungen stehen 70 Prozent des maximalen Drehmoments von 130 Newtonmeter an. Für die Konstruktion des Zylinderkopfes und des Ventiltriebs wurden Konstruktionsprinzipien aus der Formel 1 übernommen.

Das ESA (Electronic Suspension Adjustment) ermöglicht per Knopfdruck vom Fahrersitz aus eine Einstellung des Fahrwerks. So kann die Federvorspannung und Dämpfung immer optimal an den jeweiligen Beladungszustand angepasst werden. Es sind drei Grundeinstellungen möglich: Normal, Komfort und Sport. Selbst eine Verstellung während der Fahrt ist möglich.

2005 kommt mit dem High-Performance-Motorrad HP 2 ein innovatives Luft-Feder-Dämpfungssystem hinten zum Einsatz. Hier ist statt der Hydraulikflüssigkeit Luft im Kolben. Komprimierte Luft übernimmt also die Federung und ersetzt so die Stahlfeder.

Arbeitsweise des HP 2-Luftfederbeins sichtbar gemacht

2006: BMW Motorrad stellt das neue ABS ohne Bremskraftverstärker vor. Der Bremsdruck wird wieder rein hydraulisch über die Betätigungskräfte am Handhebel erzeugt. Das neue ABS ist genauso leistungsfähig wie das Bremskraftverstärker-ABS, aber besser zu dosieren und weniger wartungsaufwendig. Die neue Bremse ist teilintegral ausgelegt, womit der Handbremshebel auf beide Bremsen wirkt und der Fußbremshebel nur hinten Bremsdruck erzeugt.

Verhindert ein ABS das Blockieren der Räder bei einer starken Bremsung, so verhindert die Antriebs-Schlupf-Regelung (ASC)

das Durchdrehen von Rädern (Schlupf) beim starken Beschleunigen. Das System nutzt hierbei die Sensorik des ABS.

2006 fällt auch der Startschuss für die neuen F 800-Modelle F 800 S und ST. Der neue Zweizylinder-Motor leistet aus 798 Kubikzentimetern exakt 85 PS Leistung und wird erneut in Kooperation mit Bombardier-Rotax (Österreich) entwickelt. Dort wird er auch produziert. Der Twin zeichnet sich besonders durch seine Verbrauchs- und Vibrationsarmut aus. Ein zusätzliches Schwenkpleuel sorgt durch die Kompensation der Massenkräfte für Laufruhe. Der Kraftstoffverbrauch liegt bei rund 4,4 Liter auf 100 Kilometer. Neben dem neuen Motor sticht auch der neue Endantrieb mit Zahnriemen und einer Aluminium-Einarmschwinge hervor. Die Modelle der neuen G-Baureihe werden 2006 mit dem leistungs- und gewichtoptimierten Einzylinder-Motor aus der F 650 GS ausgerüstet.

2008 kommt das neue 1000-Kubik-Superbike von BMW mit 185 PS bei 190 Kilogramm und über 300 Stundenkilometer Höchstgeschwindigkeit. Auf Kardanantrieb und Telelever hat man zugunsten einer Sekundärkette und einer konventionellen Telegabel verzichtet.
Ebenfalls für die Saison 2008 stellt BMW eine völlig neu entwickelte GS-Baureihe zwischen den Einzylinder-G-Modellen und der Boxer-GS vor: die F 650 GS und die F 800 GS. Beide sind mit einem stark überarbeiteten Motor aus den bekannten F 800-Modellen

ausgestattet. Darüber hinaus gibt es aber keine Parallelen zu den Straßenmodellen. Die Motoren beispielsweise stehen deutlich steiler als bei den Straßenversionen, da die Fahrwerkgeometrie mit dem 19-/21-Zoll-Vorderrad eine gänzlich andere ist. Das Fahrwerk musste komplett neu entwickelt werden und eignet sich durch seine hohe Steifigkeit besonders gut für den harten Offroad-Einsatz.

2008 nimmt BMW nicht nur mit der neuen G 450 X an Wettbewerben teil, es gibt auch eine käufliche Version. Die leichte Sportenduro bringt viele technische Innovation mit. Sehr auffällig hierbei ist die Zusammenlegung der Lagerachse der Hinterradschwinge mit der Drehachse für das Hinterradritzel. Die Längenänderung der Kette durch das Ein- und Ausfedern entfällt so. Der Motor ist mit modernster Benzineinspritzung und einem geregeltem Dreiwege-Kat ausgestattet, der die Euro-3-Norm meistert. Auffällig ist die flache Lage des Motors, der sehr stark nach vorne geneigt ist und so Platz für lange und gerade Ansaugwege schafft.

Die HP 2 Sport reizt das Potenzial des Boxer-Motors mit 133 PS und maximal 9 500 Umdrehungen komplett aus. Erreicht wird diese Leistungssteigerung vor allem durch neue Zylinderköpfe mit zwei oben liegenden Nockenwellen und radial angeordneten Ventilen. Das neue 2D-Cockpit mit Dashboard versorgt den Fahrer mit allen nötigen Informationen auch auf der Rennstrecke.

Alle BMW Motorräder

Im Jahr 1923 präsentierte BMW auf dem Pariser Salon sein erstes Motorrad. Mit der R 32 wurden im Vergleich zur Konkurrenz gleich ein paar innovative technische Lösungen angeboten. Bis heute für BMW Motorräder charakteristisch sind die quer zur Fahrtrichtung liegenden Zylinder des Motors, der schon damals via Kardanwelle das Hinterrad antrieb. Diese Konstruktion von Chefkonstrukteur Max Friz garantiert eine lange Lebensdauer und Wartungsarmut. Wie heute, wusste auch schon 1923 die Kundschaft die Vorzüge dieses Antriebskonzeptes zu schätzen. Der Motor liegt mit seinen Kühlrippen direkt im Fahrtwind und wird so optimal gekühlt. Der Doppelrohrrahmen in Kombination mit der

Kurzschwinge vorne war robust ausgelegt und somit ebenfalls bestens geeignet, sicher und komfortabel über die eher holprigen Straßen der damaligen Zeit zu fahren. Aber auch der Motor war mit seiner maximalen Leistung von gerade mal 8,5 PS auf eine lange Haltbarkeit und nicht auf Höchstleistung ausgelegt. Somit erwarb man mit der ersten Boxer-BMW für 2 200 RM ein modernes und robustes Motorrad, das ein langes Motorrad-Leben versprach. Die Maschine wurde von 1923 bis 1926 gebaut und BMW setzte in dieser Zeit insgesamt 3 090 Exemplare ab. Die R 32 war die Basis einer bis heute andauernden Erfolgsgeschichte der Marke BMW-Motorrad. ∎

Das erste BMW Motorrad – die R 32

AUF EINEN BLICK	
Motor	Viertakt, Zweizylinder-Boxer, luftgekühlt
Bohrung x Hub	68 x 68 mm
Hubraum	494 cm³
Leistung	8,5 PS bei 3.200 U/min
Gemischbildung	1 Vergaser BMW Spezial 22 mm
Antrieb	Dreigang-Handschaltung, Kardan
Übersetzung Hinterradantrieb	1:4,41 (mit Seitenwagen 1:5,36)
Ventiltrieb	sv
Reifen	26 x 3
Tankinhalt	14 l
Leergewicht (vollgetankt)	122 kg (mit Seitenwagen 184 kg)
Höchstgeschwindigkeit	95-100 km/h

Die sportliche Version der R 32 fand nur wenige Käufer.

In Deutschland genoss die R 32 zwei Jahre nach ihrer Präsentation einen ausgezeichneten Ruf. Sie galt als robust und zuverlässig. Ganz so, wie es von den Erbauern gewünscht war. Was aber fehlte, war ein über die Grenzen hinaus erfolgreiches und bekanntes Modell. Diesen Zustand sollte Rudolf Schleicher, ein junger Ingenieur, durch eine sportliche Variante ändern. Es wurden zahlreiche Veränderungen an der Basis-R 32 vorgenommen. Am auffälligsten waren die gedrehten Stahlzylinder mit Aluminium-Zylinderköpfen und die oben hängenden Ventile (ohv, overhead valves). Die Leistung des Motors wurde von 8,5 auf 16 PS verdoppelt und auch die Höchstgeschwindigkeit nahm um 20 Stundenkilometer deutlich zu. Dadurch

war die ebenfalls von der R 32 unverändert übernommene Keilklotzbremse hinten etwas überfordert; zumal nicht nur die Geschwindigkeit, sondern auch das Gewicht zunahm. Über zehn Kilogramm wog die sportliche R 37 mehr als das Basismodell. Dennoch war die Maschine bei sportlichen Wettbewerben überaus erfolgreich und gewann mit dem Fahrer Franz Bieber die Deutsche Meisterschaft. Aus heutiger Sicht würde man sagen, dass die R 37 ein Imageträger war, da sie zwar das technisch Mögliche präsentierte, aber wirtschaftlich mit gerade mal 152 verkauften Stück enttäuschte. Ursächlich dürfte hier der Preis von 2 900 RM gewesen sein, die das Motorrad zum teuersten auf dem deutschen Markt machte. ∎

AUF EINEN BLICK	
Motor	Viertakt, Zweizylinder-Boxer, luftgekühlt
Bohrung x Hub	68 x 68 mm
Hubraum	494 cm³
Leistung	16 PS bei 4.000 U/min
Gemischbildung	1 Vergaser BMW Spezial Dreischieber 26 mm
Antrieb	Dreigang-Handschaltung, Kardan
Übersetzung Hinterradantrieb	1:4,41 (mit Seitenwagen 1:5,36)
Ventiltrieb	ohv
Reifen	26 x 3
Tankinhalt	14 l
Leergewicht (vollgetankt)	134 kg (mit Seitenwagen 184 kg)
Höchstgeschwindigkeit	115 km/h

1925-1927   R 39

Die erste 250er-BMW: die R 39

Neben der sportlichen R 37 auf Basis der braven R 32 kam im gleichen Jahr 1925 noch eine sportliche BMW auf den Markt. Die R 39 war die erste BMW Einzylinder-Maschine mit 247 Kubikzentimeter Hubraum und besaß 6,5 PS Leistung. Mit der R 37 zusammen waren sie die ersten Serienmotorräder mit Aluminium-Zylinderköpfen. Auch ihr Motor war, wie der der R 37, ebenfalls mit oben hängenden Ventilen (ohv) ausgestattet. Die Antriebskraft wurde auch mit einer Kardanwelle auf das Hinterrad übertragen. Die 6,5 PS verhalfen der – ohne Hinterradfederung und mit

einer Kurzschwinge vorne ausgestatteten – Maschine zu einer Höchstgeschwindigkeit von 90 km/h. Da die R 39 von Anfang an als Sportmotorrad konzipiert war, wies sie ein leicht gekürztes Fahrwerk auf und verzichtete auf die Klotzbremse hinten zugunsten einer Außenbackenbremse. Ganz ihrem Bestimmungszweck folgend wurde die R 39 auch sehr sportlich eingesetzt, und so wurde Josef Stelzer im ersten Anlauf mit ihr deutscher Meister. Mit 855 verkauften Exemplaren zum Preis von 1870 RM wurde die R 39 wirtschaftlich deutlich erfolgreicher als die R 37. ■

AUF EINEN BLICK	
Motor	Viertakt, Einzylinder, luftgekühlt
Bohrung x Hub	68 x 68 mm
Hubraum	247 cm³
Leistung	6,5 PS bei 4500 U/min
Gemischbildung	1 Vergaser BMW Spezial 20 mm
Antrieb	Dreigang-Handschaltung, Kardan
Übersetzung Hinterradantrieb	1:2,8
Ventiltrieb	ohv
Reifen	27 x 3,5 oder 26 x 3
Tankinhalt	10 l
Leergewicht (vollgetankt)	110 kg
Höchstgeschwindigkeit	90 km/h

Die R 42 kam mit vielen technischen Verbesserungen auf den Markt.

AUF EINEN BLICK	
Motor	Viertakt, Zweizylinder-Boxer, luftgekühlt
Bohrung x Hub	68 x 68 mm
Hubraum	494 cm³
Leistung	12 PS bei 3.400 U/min
Gemischbildung	1 Vergaser BMW Spezial Zweischieber 22 mm
Antrieb	Dreigang-Handschaltung, Kardan
Übersetzung [1]	1:4,53 oder 1:1,38 (mit Seitenwagen 1:6,27 oder 1:1,57)
Ventiltrieb	sv
Reifen	26 x 3,5 auf 19 x 3 oder 27 x 2,75 auf 21 x 2,1
Tankinhalt	14 l
Leergewicht (vollgetankt)	126 kg (mit Seitenwagen 188 kg)
Höchstgeschwindigkeit	95 km/h

[1] Hinterradantrieb

Im Jahr 1926 erschien die R 42 auf dem deutschen Markt. Sie war die Nachfolgerin der R 32 als tourentaugliche Version mit seitlich stehenden Ventilen (side valves) am Motor, der um 3,5 PS leistungsgesteigert wurde, dafür aber 200 Umdrehungen höher drehen musste. Gut zu erkennen sind die nun längs zur Fahrtrichtung angeordneten Kühlrippen. Insgesamt waren weitere Veränderungen gravierend. Beispielsweise kam nun ein neuer Rahmen mit geraden Frontrohren und Sattelstütze zum Einsatz. Darüber hinaus gab es ein neues Kegelradgehäuse mit Ölschmierung und abnehmbare Aluminium-Zylinderdeckel. Das Leichtmetall leitete die Wärme besser ab. Hinten gab

es nach wie vor keine Federung, vorne arbeitete eine Blattfederung mit fünf Blättern. Gebremst wurde vorne mit einer 150 Millimeter großen Trommelbremse und hinten mit der bekannten Außenbackenbremse am Kardanflansch. Wie schon bei ihrer Vorgängerin bestand auch bei der R 42 die Möglichkeit, einen Beiwagen anzuschrauben. Hierzu wurde die Übersetzung des Hinterradantriebs von 1:4,53 (oder 1,38) auf 1:6,27 (oder 1:1,57) entsprechend angepasst. Eine elektrische Anlage gab es nur als Zubehör. In der Bauzeit bis 1928 wurden insgesamt 6502 Einheiten von der R 42 zum Preis von 1510 RM abgesetzt. ∎

1927–1928　　　R 47

E in Jahr nach der R 42 schob BMW Motorrad die sportliche Variante in Form der R 47 nach, die als Nachfolgerin der R 37 gelten darf. Sie war das scharf gemachte Modell mit ohv-Motor und Grauguss-Zylindern. Charakteristisch sind die glatten Zylinderdeckel mit zentraler Schraube. Wie schon bei der R 42 kam auch hier der neue Zweischieber-Vergaser zum Einsatz und ersetzte den komplizierteren Dreischieber-Vergaser. Neu war auch die Möglichkeit, durch einen gegossenen Anschluss am Hinterradantriebsgehäuse einen Beiwagen zu befestigen. Komfortabel gestaltete sich nun das Ablesen der Geschwindig-

keit durch den serienmäßigen Tachometer im Tank. Die Leistung wurde im Vergleich zur zivilen Version R 42 um satte 6 PS und im Vergleich zur sportlichen Vorgängerin R 37 immerhin noch um 2 PS bei gleicher Drehzahl gesteigert. In ihrer recht kurzen Bauzeit bis 1928 wurden dennoch 1720 Stück zum Preis von 1850 RM verkauft. Somit war sie auf jeden Fall wesentlich erfolgreicher als ihre sportliche Vorgängerin. ∎

Mit ohv-Motor 110 km/h schnell – die R 47

AUF EINEN BLICK	
Motor	Viertakt, Zweizylinder-Boxer, luftgekühlt
Bohrung x Hub	68 x 68 mm
Hubraum	494 cm^3
Leistung	18 PS bei 4.000 U/min
Gemischbildung	1 Vergaser BMW Spezial Zweischieber 22 mm
Antrieb	Dreigang-Handschaltung, Kardan
Übersetzung Hinterradantrieb	1:4,38 (mit Seitenwagen 1:5,7)
Ventiltrieb	ohv
Reifen	27 x 3,5 oder 26 x 3, 27 x 3,5 oder 26 x 3
Tankinhalt	14 l
Leergewicht (vollgetankt)	130 kg (mit Seitenwagen 192 kg)
Höchstgeschwindigkeit	110 km/h

*Die R 52 war der zuverlässige
Partner auf Überlandtouren.*

AUF EINEN BLICK	
Motor	Viertakt, Zweizylinder-Boxer, luftgekühlt
Bohrung x Hub	63 x 78 mm
Hubraum	486 cm³
Leistung	12 PS bei 3.400 U/min
Gemischbildung	1 Vergaser BMW Spezial Zweischieber 22 mm
Antrieb	Dreigang-Handschaltung, Kardan
Übersetzung [1]	1:4,38 oder 1:4,75 (mit Seitenwagen 1:5,7)
Ventiltrieb	sv
Reifen	26 x 3,5 oder 26 x 3,25
Tankinhalt	12,5 l
Leergewicht (vollgetankt)	152 kg
Höchstgeschwindigkeit	100 km/h

[1] Hinterradantrieb

Als Nachfolgemodell der R 42 kam 1928 die BMW R 52 auf den Markt. Vom Fahrwerk her gab es keine nennenswerten Modifikationen gegenüber der R 42. Allerdings wuchs die vordere Trommelbremse im Durchmesser von 150 auf 200 Millimeter und wurde so spürbar wirkungsvoller. Der Motor aber machte entwicklungstechnisch einen Quantensprung. War das Bohrung/Hub-Verhältnis mit 68 x 68 Millimeter bis dato quadratisch gewesen, so wurde die R 52 mit den neuen Abmessungen von 63 x 78 Millimetern zum echten Langhuber. Die 12 PS Leistung lagen bei 3 400 Umdrehungen pro Minute an. Der Tradition folgend war die R 52 als tourentaugliches Modell ausgelegt und galt als äußerst zuverlässiger Partner auf allen Land- und Passstraßen. Hierzu trug auch die Tatsache bei, dass ab 1928 die Lichtanlagen von Bosch zur Serienausstattung gehörten. Durch die seitlich hoch verlegte Schaltkulisse, die durch den verlängerten Handschalthebel mit dem Getriebe verwunden war, fuhr es sich speziell auf Langstrecken komfortabler. Als Ausstattungsextra gab es auf Wunsch noch Kniekissen. Zu einem Preis von 1510 RM, der sich im Vergleich zur R 42 erfreulicherweise nicht erhöht hatte, verkaufte BMW 4377 Exemplare dieser Tourenmaschine.

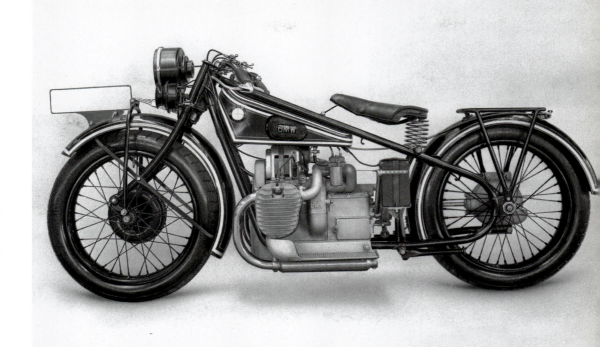

Gemütlicher und beliebter Boxer

Zusammen mit den neuen Modellen R 52 und R 57 in der Hubraumklasse bis 500 Kubikzentimeter wurden im Jahr 1928 mit der R 62 und R 63 auch zwei völlig neue 750er-BMW-Boxer-Motorräder der Öffentlichkeit vorgestellt. Die R 62 war mit ihrem sv-Motor (seitlich stehende Ventile) und einem quadratischen Bohrung/Hub-Verhältnis von 78 x 78 Millimeter wieder als gemütliche Tourenvariante ausgelegt. Dieser Motor war gut durch seine Zylinderkopfform zu erkennen. Der Ventildeckel ist im Falle der R 62 hinten gerade und nur vorne tailliert. Mit einer Höchstgeschwindigkeit von

115 Stundenkilometern war sie trotz ihrer Auslegung als Tourenmaschine keineswegs langsam unterwegs. Für 1650 RM fand die R 62 dann auch mit 4355 abgesetzten Exemplaren reichlich Käufer. Obwohl die Lichtanlage in der Preisliste als Sonderausstattung aufgeführt war, wurde dennoch von Anfang an fast jede Maschine komplett montiert den Käufern übergeben. Als weiteres Zubehör gab es einen Soziussitz und vor der Witterung schützende Beinschilder. Auch die R 62 profitierte von dem Erfolg der Marke BMW im Rennsport zu jener Zeit und dem daraus resultierenden positiven Image. ■

AUF EINEN BLICK	
Motor	Viertakt, Zweizylinder-Boxer, luftgekühlt
Bohrung x Hub	78 x 78 mm
Hubraum	745 cm³
Leistung	18 PS bei 3.400 U/min
Gemischbildung	1 Vergaser BMW Spezial Zweischieber 22 mm
Antrieb	Dreigang-Handschaltung, Kardan
Übersetzung Hinterradantrieb	1:4,07 (mit Seitenwagen 1:5,18)
Ventiltrieb	sv
Reifen	26 x 3,5 oder 26 x 3,25
Tankinhalt	12,5 l
Leergewicht (vollgetankt)	155 kg
Höchstgeschwindigkeit	115 km/h

R 63

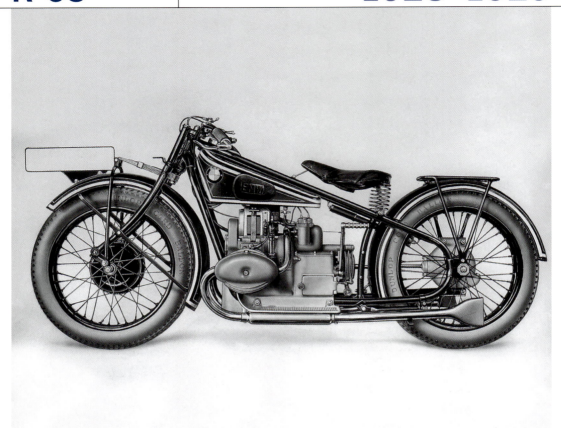

Die R 63 erreichte echte 120 km/h.

AUF EINEN BLICK	
Motor	Viertakt, Zweizylinder-Boxer, luftgekühlt
Bohrung x Hub	83 x 68 mm
Hubraum	735 cm³
Leistung	24 PS bei 4.000 U/min
Gemischbildung	1 Vergaser BMW Spezial Zweischieber 24 mm
Antrieb	Dreigang-Handschaltung, Kardan
Übersetzung Hinterradantrieb	1:4,07 (mit Seitenwagen 1:4,75)
Ventiltrieb	ohv
Reifen	26 x 3,5 oder 27 x 2,75
Tankinhalt	12,5 l
Leergewicht (vollgetankt)	152 kg
Höchstgeschwindigkeit	120 km/h

Als sportliches Schwestermodell der R 62 wurde ebenfalls 1928 die R 63 präsentiert. Mit ihrem ohv-Motor (oben hängende Ventile) und einer Spitzenleistung von 24 PS bei 4 000 Touren erreichte die Sportmaschine locker die 120 Stundenkilometer-Grenze und markierte somit die Leistungsspitze der damaligen Zeit. Allerdings war sie mit 2 100 RM auch absolute Spitze im Preis. Da sie mit ihrer kurzhubigen Auslegung (Bohrung/Hub 83 x 68) bei dem sportlich orientierten Käuferklientel sehr gut ankam, wurden immerhin 794 Einheiten unter das Volk gebracht. Nicht ganz un-

schuldig daran waren natürlich auch die sportlichen Erfolge, die BMW Ende der 20er-Jahre mit den Fahrern Toni Bauhofer und Ernst Henne in Serie erzielte. Beispielsweise erreichte Ernst Henne 1929 mit einer modifizierten Kompressor-BMW R 63 einen Geschwindigkeitsweltrekord. Er errang zur damaligen Zeit unglaubliche 216,75 Stundenkilometer auf einer Landstraße. BMW nutzte diese Rekordfahrt erfolgreich in der Werbung und erhielt auch international große Anerkennung. Dennoch wurde die Produktion bereits ein Jahr später, 1929, wieder eingestellt. ∎

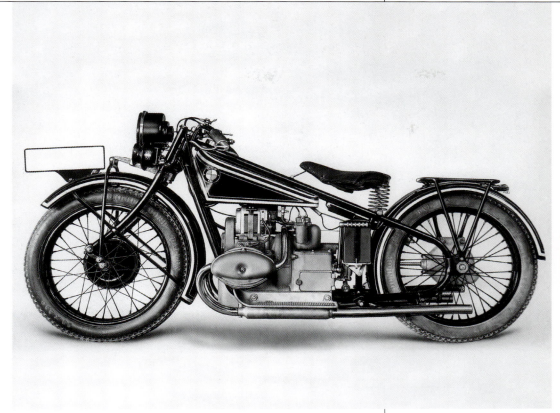

Mit 18-PS-ohv-Motor zügig unterwegs: die R 57

Der Terminologie und Tradition folgend wurde im Erscheinungsjahr 1928 der braven R 52 eine Sportlerin mit der Bezeichnung R 57 zur Seite gestellt. In der Hubraumklasse bis 500 Kubikzentimeter markierte sie mit 18 PS und einer Höchstgeschwindigkeit von 115 Stundenkilometern die Leistungsspitze. Die 6 PS Leistungssteigerung im Vergleich zur R 52 wurden unter anderem durch Vergaser mit 24 Millimeter Durchmesser (R 52: 22 Millimeter) erreicht. Wie üblich war sie als sportliche Version auch mit einem ohv-Motor ausgestattet. Dieser ist gut an den glatten Zylinderdeckeln zu erkennen. Im Vergleich zu den Vorgängermodellen (R 42 und

R 47) erhielten die beiden neuen 500 Kubikzentimeter-Modelle (R 52 und R 57) eine um 50 Millimeter auf 200 Millimeter Durchmesser vergrößerte Vorderradbremse. Durch die aufwendigere Bauart war die R 57 mit 1850 RM exakt 340 RM teurer als der Tourer R 52. Mit 1005 verkauften Einheiten blieb sie im üblichen Rahmen der Absätze für die sportlichen Modelle. Sie war das letzte Modell mit dem charakteristischem Dreieckstank zwischen Motorblock und oberen Rahmenrohren. Die Modelle R 11 und R 16 besaßen bereits die neue modifizierte Tankform, die über den oberen Rahmenzug hinausragte. ◼

AUF EINEN BLICK	
Motor	Viertakt, Zweizylinder-Boxer, luftgekühlt
Bohrung x Hub	68 x 68 mm
Hubraum	494 cm³
Leistung	18 PS bei 4.000 U/min
Gemischbildung	1 Vergaser BMW Spezial Zweischieber 24 mm
Antrieb	Dreigang-Handschaltung, Kardan
Übersetzung Hinterradantrieb	1:4,38 (mit Seitenwagen 1:5,7)
Ventiltrieb	ohv
Reifen	26 x 3,5 oder 27 x 2,75
Tankinhalt	12,5 l
Leergewicht (vollgetankt)	150 kg
Höchstgeschwindigkeit	115 km/h

R 11

Die sehr erfolgreiche R 11 wurde stetig verbessert.

Pressstahlrahmen war „das" diskutierte Schlagwort im Jahr 1929, als BMW die R 11 als Nachfolgerin der R 62 auf den Markt brachte. Zwar blieb man dem Doppelschleifenprinzip treu, doch waren die alten Stahlrohrrahmen der steigenden Leistung der Motorräder im zunehmenden Maße nicht mehr gewachsen. Besonders im Gespannbetrieb machte sich die Stabilität der neuen Rahmen positiv bemerkbar. Eine weitere Tradition der Marke BMW fand in der R 11 einen Anfang, den man bis heute kennt: die Weiterentwicklung eines aktuellen Modells im Zuge zahlreicher Verbesserungen. Im Falle der R 11 gab es fünf so genannte Serien.

Die erste von 1929 bis 1930 und dann wurden jedes Jahr bis 1934 Modifikationen an der Maschine durchgeführt. Hierzu zählten die Verbreiterung der Kardanbremse, die Zweischeiben-Kupplung, Sum-Vergaser, Tankschaltung, zwei Amal-Vergaser, der Nockenwellenantrieb durch eine Steuerkette und die Batteriezündung. Im letzten Jahr erreichte die Maschine eine Leistung von 20 PS und fuhr 112 km/h schnell. Die Nachfrage war gewaltig und so setzte BMW sagenhafte 7500 Stück zum Preis von 1750 RM am Markt ab. Der besondere Clou zur damaligen Zeit waren die serienmäßig vorhandene Tachometer und die Fahrzeugbeleuchtung. ∎

AUF EINEN BLICK

Motor	Viertakt, Zweizylinder Boxer, luftgekühlt
Bohrung x Hub	78 x 78 mm
Hubraum	745 cm³
Leistung	18/20 PS bei 3.400/4.000 U/min
Gemischbildung	Vergaser (siehe Tabelle)
Antrieb	Dreigang Handschaltung, Kardan
Übersetzung Hinterradantrieb	1:4,07 (mit Seitenwagen 1:5,18 oder 1:4,75)
Ventiltrieb	sv
Reifen	26 x 3,5 oder 26 x 3,25
Tankinhalt	14 l
Leergewicht (vollgetankt)	162 kg
Höchstgeschwindigkeit	95-100/112 km/h

ZUSATZINFO

Baujahr	Serie	PS	Vergaser	km/h	Preis RM
1929-30	1	18	1, Typ BMW 24 mm	95-100	1.750
1930-31	2	18	1, Typ BMW 24 mm	95-100	1.750
1931-32	3	18	1, Typ Sum CK 3/500 F I	95-100	1.750
1933-34	4	18	1, Typ Sum CK 3/500 F I	95-100	1.630
1934	5	20	1, Typ Amal 6/406 SP, 6/407 SP	112	1.630

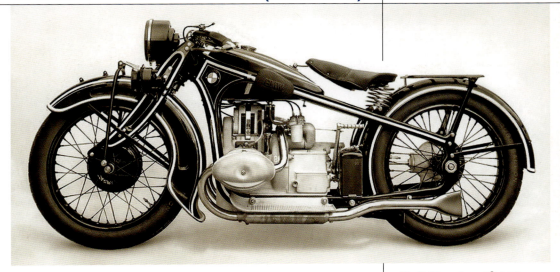

Die R 16: serienmäßig mit Beleuchtung und Tachometer

Der neue Rahmen mit seinen aus Stahlblech gepressten U-Profilen machte auch bei der sportlichen R 16 von sich reden. In guter Tradition war die kurzhubig (83 x 68 Millimeter Bohrung/Hub) ausgelegte R 16 mit ihrem ohv-Motor und 25 PS (Serie 1–2) für den Sporteinsatz ausgelegt. Mit ihr feierten die Solofahrer Sepp Stelzer und Ernst Henne (Gespann: Josef Mauermayer und Ludwig Kraus) dann auch große Erfolge. Drei Jahre in Folge gewannen die BMW-Fahrer die Sechstagefahrt in Wales und machten die R 16 international berühmt. Wie der R 11, dem Tourer, wurden auch der R 16 als Sportler im Lauf ihrer Produktionszeit zahlreiche Modifikationen zuteil. Ab der Serie 3 im Jahr 1932

wurde sogar eine Leistungssteigerung auf 33 PS erreicht, mit der die Maschine eine Spitze von 126 Stundenkilometern realisierte. Daneben wurden weiter Verbesserungen wie die Verbreiterung der Kardanbremse, Zweischeibenkupplung, Amal-Vergaser, Zugfedersattel, Stoßdämpfer, Tankschaltung, Batteriezündung und der Nockenwellenantrieb durch eine Steuerkette eingeführt. Preislich schwankte die R 16 von der Markteinführung mit 2200 RM, über 1880 RM der Serie 2 bis hin zu 2040 RM in den letzten drei Verkaufsjahren. Insgesamt wurden 1006 Einheiten aller Serien abgesetzt. Wie die R 11 besaß auch die R 16 als erste BMW serienmäßig eine Beleuchtung und einen Tachometer. ∎

ZUSATZINFO					
Baujahr	Serie	PS	Vergaser	km/h	Preis RM
1929-30	1	25	1, Typ BMW Spezial 26 mm	120	2.200
1930-32	2	25	1, Typ BMW Spezial 26 mm	120	1.880
1932	3	33	2, Amal Typ 6/011 R.H und L.H.	126	2.040
1933	4	33	2, Amal Typ 6/011 R.H und L.H.	126	2.040
1934	5	33	2, Amal Typ 6/011 R.H und L.H.	126	2.040

AUF EINEN BLICK	
Motor	Viertakt, Zweizylinder Boxer, luftgekühlt
Bohrung x Hub	83 x 68
Hubraum	736 cm³
Leistung 25/33 PS bei 4.000/4.500 U/min	
Gemischbildung	Vergaser (siehe Tabelle)
Antrieb	Dreigang Handschaltung, Kardan
Übersetzung Hinterradantrieb	1:4,07
(mit Seitenwagen 1:4,75 oder 1:5,18)	
Ventiltrieb	ohv
Reifen	26 x 3,5 oder 26 x 3,25
Tankinhalt	14 l
Leergewicht (vollgetankt)	165 kg
Höchstgeschwindigkeit	120/126 km/h

R 2

(Serie 1–5)

1931–1936

Von der Kraftfahrzeugsteuer und Führerscheinpflicht befreit, verkaufte sich die R 2 sehr gut.

Mit der R 2 reagierte BMW Motorrad im Jahr 1931 auf den Umstand, dass Motorräder bis 200 Kubikzentimeter von der Kraftfahrzeugsteuer befreit waren und man zum Fahren keinen Führerschein benötigte. Zwar war die R 2 bei ihrer Markteinführung mit 975 RM kein Schnäppchen, kam aber beim Publikum gut an. Der Doppelschleifen-Pressstahlrahmen ließ die Maschine sehr erwachsen wirken. Erstmalig gab es auch eine Trommelbremse hinten. Und so trug die R 2 mit einer Gesamtproduktion bis 1936 von über 15 000 Maschinen maßgeblich zum wirtschaftlichen Erfolg von BMW zu jener Zeit bei. Im Laufe der Jahre musste sie aber viele Modifikationen über sich ergehen

lassen. Es gab 5 verbesserte Serien, wobei die Serie 2 in 2a und 2/33 aufgeteilt wurde. Nur im Jahr der Markteinführung blieb die Maschine unangetastet. Im zweiten Jahr wurde der Ventiltrieb gekapselt und der Schalthebel geändert und ab Mitte 1933 gab es einen Reibungsstoßdämpfer an der Vorderradgabel. 1934 wurde durch die Verwendung eines Amal-Vergasers eine Leistungssteigerung auf 8 PS erreicht; hinzu kam die Kapselung der Lichtmaschine. Die Serie 4 im Jahr 1935 beinhaltete einen kleineren Tank und einen geänderten Scheinwerfer. Die letzte Serie 1936 bekam eine geänderte Kardanübersetzung und ein verbreitertes Hinterradschutzblech. ∎

AUF EINEN BLICK	
Motor	Viertakt, Einzylinder, luftgekühlt
Bohrung x Hub	63 x 64 mm
Hubraum	198 cm³
Leistung	6/8 PS bei 3.500/4.500 U/min
Gemischbildung	Vergaser (siehe Tabelle)
Antrieb	Dreigang Handschaltung, Kardan
Übersetzung Hinterradantrieb	1:6,75
Ventiltrieb	ohv
Reifen	25 x 3
Tankinhalt	11 l (10 l ab Serie 4)
Leergewicht (vollgetankt)	130 kg
Höchstgeschwindigkeit	95 km/h

ZUSATZINFO					
Baujahr	Serie	PS	Vergaser	Preis RM	Einheiten
1931	1	6	1 Sum Kolbenschieber 19 mm	975	4.161
1932	2a	6	1 Typ Sum K 5/250	975	1.850
1933	2/33	6	1 Typ K 5 /250 (80 Exemplare mit Amal)	920	ca. 2.000
1934	3	8	1 Amal Einschieber 18,2 mm	850	2.077
1935	4	8	1 Amal Einschieber 18,2 mm	850	2.700
1936	5	8	1 Amal Einschieber 74/412 S	790	2.500

Die erste BMW mit Viergang-Getriebe, Serie 2 ab 1933

Mit der R 4 (400 Kubikzentimeter Hubraum) schloss BMW die Lücke zwischen der Einsteigermaschine R 2 mit 200 Kubikzentimetern und den großen 750 Kubikzentimeter-Boxern R 11/16. Die Konstruktion basierte auf der R 2 mit einem Pressstahlrahmen und sprach vor allem sportliche und groß gewachsene Fahrer an, die sich auf der kleinen R 2 aufgrund ihrer Statur nicht wohl fühlten und ein größeres Motorrad wollten. Auch bei der R 4 setzte BMW die Politik der Modifikationen konsequent in Form von fünf Serien fort. Schon im ersten Jahr gab es einen Reibungsstoßdämpfer an der Vorderradgabel. Am prägnantesten war aber die Einführung des Viergang-Getriebes (das erste von BMW) im Jahr 1933. Im selben Jahr gab es Änderungen im Bereich des Sattels und der Fußrasten, einen geänderten Schalt- und Starthebel sowie einen Kupferwolle-Luftfilter. In der Serie 3 im Jahr 1934 stachen als Verbesserung der modifizierte Zylinderkopf und die auf 14 PS gestiegene Leistung hervor. Hinzu kam noch die Handschaltung mit Schaltkulisse am auf zwölf Liter Volumen vergrößerten Tank und die gekapselte Lichtmaschine. In den Jahren 1935 bis 1937 wurden noch zahlreiche weitere Änderungen an Fahrwerk, Getriebe, Schaltung, Ölleitung und Beleuchtung vorgenommen. Die R 4 war ähnlich erfolgreich wie die R 2, auch wenn sie mit Behörden, Militär und Polizei ein anderes Käuferklientel aufwies. ■

ZUSATZINFO						
Baujahr	Serie	PS	Schaltung	Tankinhalt	Preis RM	Einheiten
1932	1	12	Dreigang	10	1.250	1.101
1933	2	12	Viergang	10	1.150	1.737
1934	3	14	Viergang	12	1.150	3.671
1935	4	14	Viergang	12	1.150	3.651
1936/37	5	14	Viergang	12	1.150	5.033

AUF EINEN BLICK	
Motor	Viertakt, Einzylinder, luftgekühlt
Bohrung x Hub	84 x 78 mm
Hubraum	398 cm³
Leistung	12/14 PS bei 4.000 U/min
Gemischbildung	1 Vergaser Typ Sum CK 3/500 Fr
Antrieb	3/4-Gang-Handschaltung, Kardan
Übersetzung Hinterradantrieb	1:5,11 (mit Seitenwagen 1:5,63)
Ventiltrieb	ohv
Reifen	26 x 3,5
Tankinhalt	10/12 l
Leergewicht (vollgetankt)	137 kg
Höchstgeschwindigkeit	100 km/h

R 17

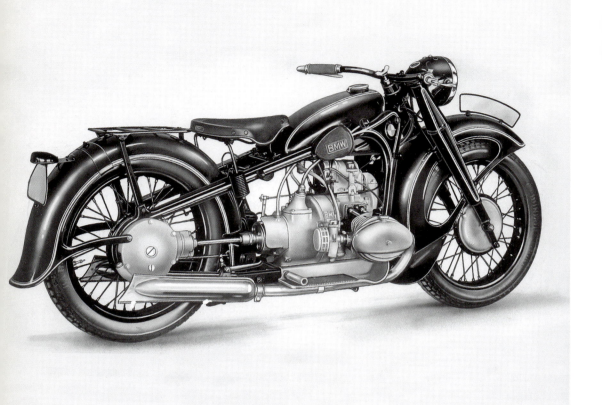

Sehr rar und schwer zu finden: die R 17

AUF EINEN BLICK	
Motor	Viertakt, Zweizylinder-Boxer, luftgekühlt
Bohrung x Hub	83 x 68 mm
Hubraum	736 cm³
Leistung	33 PS bei 5.000 U/min
Gemischbildung	2 Vergaser Amal 76/424
Antrieb	4-Gang Handschaltung, Kardan
Übersetzung Hinterradantrieb	1:4,07 (mit Seitenwagen 1:4,75)
Ventiltrieb	ohv
Reifen	3,50 x 19
Tankinhalt	14 l
Leergewicht (vollgetankt)	165 kg
Höchstgeschwindigkeit	140 km/h (mit Seitenwagen 120 km/h)

Heute ein auf dem Motorradmarkt sehr rar vertretenes Exemplar der R 17 in gutem Zustand zu finden, bedarf schon einer gehörigen Portion Glück. Gerade mal 434 Stück konnte BMW von der R 17, als sportliche Version der R 12, die eine Stückzahl von 36 000 erreichte, verkaufen. Sicher war der Preis von 2 040 RM nicht ganz unschuldig am geringen Absatz. Gut zu erkennen ist die Sportversion auch hier durch die glatten Ventildeckel. Ebenfalls sehr auffällig waren die geschwungenen Kotflügel der R 17. Sie hatte auch den Pressstahlrahmen der R 11/16 übernommen. Wie üblich, besaß die R 17 als

Sportler im Programm einen ohv-Motor mit einer um 13 PS auf 33 PS gesteigerten Leistung. Damit war sie in der Lage, eine für damalige Verhältnisse unglaubliche Spitzengeschwindigkeit von 140 Stundenkilometern zu erreichen. Und selbst mit Beiwagen waren immer noch erstaunliche 120 Stundenkilometer zu realisieren. Wie schon bei der R 12 trug auch hier natürlich die neue Teleskopgabel vorne mit Öldämpfung spürbar zur Verbesserung der Fahreigenschaften bei. Wurde die R 12 sieben Jahre bis 1942 gebaut, so endete die Marktpräsenz der R 17 schon nach gut zwei Jahren, 1937. ∎

Mit der neuen 750 Kubikzentimeter-Boxer R 12 brachte BMW Motorrad 1935 mit der weltweit ersten ölgedämpften Teleskop-Vorderradgabel eine technische Sensation auf den Markt, die bis in die heutige Zeit aktuell ist. Mit dieser Fahrwerksverbesserung nahm der Fahrkomfort merklich zu und das Fahrverhalten verbesserte sich deutlich. Erstmalig verbaute BMW den Tacho nicht mehr im Tank, sondern im Scheinwerfergehäuse. Der Motor wurde fast unverändert von der Vorgängerin R 11 übernommen, nur konnte man jetzt durch 4 Gänge schalten und zwischen einer Ein- oder Zweivergaser-Version

wählen. Die Leistung unterschied sich je nach Variante um 2 PS, wobei die Ein-Vergaser-Maschinen wegen des geringeren Wartungsaufwands hauptsächlich an das Militär ausgeliefert wurden. Die Kardanbremse wurde ebenfalls durch eine modernere Trommelbremse mit 200 Millimeter Durchmesser ersetzt. Serienmäßig erhielt die R 12 Kugelanschlüsse für den Betrieb mit Beiwagen. Die solide gebaute Maschine mit sv-Motor errang schnell den Ruf unzerstörbar zu sein und wurde mit insgesamt 36 000 Einheiten zum Preis von 1630 RM entsprechend sehr gut verkauft. ∎

AUF EINEN BLICK	
Motor	Viertakt, Zweizylinder-Boxer, luftgekühlt
Bohrung x Hub	78 x 78 mm
Hubraum	745 cm³
Leistung 18/20 PS bei 3.400/4.000 U/min	
Gemischbildung	1 Sum Register 25 mm oder 2 Amal 23,8 mm
Antrieb	Viergang-Handschaltung, Kardan
Übersetzung Hinterradantrieb	1:4,07 (mit Seitenwagen 1:4,75)
Ventiltrieb	sv
Reifen	3,50 x 19
Tankinhalt	14 l
Leergewicht (vollgetankt)	185 kg
Höchstgeschwindigkeit	110/120 km/h

Klassenloses Modell mit wenig Erfolg – die R 3

AUF EINEN BLICK	
Motor	Viertakt, Einzylinder, luftgekühlt
Bohrung x Hub	68 x 84 mm
Hubraum	305 cm³
Leistung	11 PS bei 4.200 U/min
Gemischbildung	1 Register-Vergaser Sum C K 3/500
Antrieb	Viergang-Handschaltung, Kardan
Übersetzung Hinterradantrieb	1:5,51 (mit Seitenwagen 1:5,63)
Ventil	ohv
Reifen	26 x 3,5
Tankinhalt	12 l
Leergewicht (vollgetankt)	149 kg
Höchstgeschwindigkeit	100 km/h

Die BMW R 3 wurde im Jahr 1936 parallel zur beliebten R 4 angeboten und stand von Anfang an unter keinem guten Stern. Zwar war sie nicht explizit für den deutschen Motorradmarkt entwickelt worden, doch kam sie auch international nicht gut an. Außerdem mit 995 RM etwas günstigeren Preis sprach nämlich nicht viel für das Modell zwischen R 2 und R 4. Im Vergleich zur R 2 war der Leistungsvorsprung mit 3 bis 5 PS sehr gering. Die R 4 war mit 12 bis 14 PS etwas stärker motorisiert. Der 305-Kubikzentimeter-Boxer war mit einem Bohrung /

Hub-Verhältnis von 68 x 84 Millimeter als Langhuber ausgelegt. Insgesamt war die R 3 kein technischer Fortschritt. Das Erkennungsmerkmal dieses R-3-Motors waren die Stoßstangenschutzrohre und der modifizierte Zylinderkopf. In Deutschland besaß die R 3 keine Vorteile, weil sie nicht (wie die R 2) von der Steuer befreit war und man einen Führerschein brauchte. Somit war sie am Markt für das Publikum in ihrer gerade mal einjährigen Bauzeit nicht richtig einzuordnen. Insgesamt verließen gerade mal 740 Exemplare das Werk. ■

Im Jahr 1936 überraschte BMW die Öffentlichkeit mit der völlig neu konstruierten R 5. Der bekannte Pressstahlrahmen wurde durch einen geschweißten Ovalrohrrahmen ersetzt. Das Design lehnte sich an die Wettbewerbsmaschinen aus dem Jahr 1935 an, mit denen große Erfolge erzielt worden waren. Und so wurde auch mit einer SuperSport-Version (R 5 SS) 1937 eine um 4 PS leistungsgesteigerte und 160 Stundenkilometer schnelle Geländesport-Nachwuchsmaschine ab Werk gebaut. Aber auch die zivile Version profitierte von dem geringeren Gewicht des Rahmens im Vergleich zu den Pressstahlausführungen. Das Fahrverhalten war spürbar verbessert worden. Auch der Motor war komplett neu konstruiert worden. Zur Ventilsteuerung wurden zwei über eine Steuerkette angetriebene Nockenwellen verbaut. Ab Werk übernahmen zwei Amal Vergaser die Gemischaufbereitung und trieben den 500 Kubikzentimeter-Boxer-Motor auf 24 PS Leistung und eine sensationelle Höchstgeschwindigkeit von 140 Stundenkilometern. Die zwei ungünstig plazierten Mini-Luftfilter (Ohrenfilter), die 1936 auf jedem Vergaser saßen, wurden im zweiten Baujahr durch einen zentralen Luftfilter ersetzt. Speziell bei Geländefahrten gab es aber immer wieder Probleme mit Schmutz und angesaugtem Wasser. Zwei weitere Neuerungen waren das mit dem Fuß zu schaltende Getriebe (welches aber noch durch einen Hilfshandschalthebel ergänzt wurde) und die Fußbremse, die nicht mehr mit dem Stiefelabsatz, sondern vorne mit der Spitze zu bedienen war. Insgesamt konnte BMW in zwei Jahren 2652 Exemplare zu einem Preis von 1550 RM absetzten. ∎

AUF EINEN BLICK	
Motor	Viertakt, Zweizylinder-Boxer, luftgekühlt
Bohrung x Hub	68 x 68 mm
Hubraum	494 cm³
Leistung	24 PS bei 5.500 U/min
Gemischbildung	2 Vergaser Amal 5/423
Antrieb	Viergang-Fußschaltung (+ Hilfshandschalthebel am Motor), Kardan
Übersetzung Hinterradantrieb	1:3,89 (mit Seitenwagen 1:4,62)
Ventiltrieb	ohv
Reifen	3,5 x 19
Tankinhalt	15 l
Leergewicht (vollgetankt)	165 kg
Höchstgeschwindigkeit	140 km/h

Wurde nur ein Jahr lang angeboten: die R 6

AUF EINEN BLICK	
Motor	Viertakt, Zweizylinder-Boxer, luftgekühlt
Bohrung x Hub	70 x 78 mm
Hubraum	596 cm³
Leistung	18 PS bei 4.800 U/min
Gemischbildung	2 Vergaser Amal M 75/426 S
Antrieb	Viergang-Fußschaltung (+ Hilfshandschalthebel am Motor), Kardan
Übersetzung Hinterradantrieb	1:3,89 (mit Seitenwagen 1:4,62)
Ventiltrieb	sv
Reifen	3,5 x 19
Tankinhalt	15 l
Leergewicht (vollgetankt)	175 kg
Höchstgeschwindigkeit	125 km/h

BMW brachte die R 6 1937 als ziviles Schwestermodell zur sportlichen R 5 auf den Markt. Bis auf das optische Erscheinungsbild, hauptsächlich geprägt durch den neuen Ovalrohrrahmen, der von der R 5 übernommen wurde, hatten die zwei Maschinen nicht besonders viel gemein. Erstmals wurde ein Boxer-Motor mit 600 Kubikzentimetern angeboten. Dieser war allerdings technisch dem R 5-Motor nicht gewachsen. Er besaß nur eine Nockenwelle, die über Stirnräder statt einer Steuerkette angetrieben wurde. Primär war der langhubig ausgelegte sv-Motor mit seinen 18 PS Leistung für Gespannfahrer gedacht. Die

Ohrenfilter auf den Vergasern hatte man bei der R 6 von Anfang an weggelassen und einen zentralen Luftfilter verbaut. Wie schon die R 5 war auch die R 6 mit Fußschaltung und der neuen, mit der Fußspitze zu betätigenden Bremse ausgestattet. Der vorhandene Hilfshandschalthebel am Motor diente in erster Linie dazu, den Leerlauf leichter zu finden und so den Verschleiß des Getriebes beim Zurückschalten zu mindern. Beide hatten ein in den Tank integriertes Werkzeugfach. Die R 6 blieb im Absatz mit 1850 Stück zum Preis von 1375 RM deutlich hinter der innovativen Sport-Maschine R 5 zurück. ■

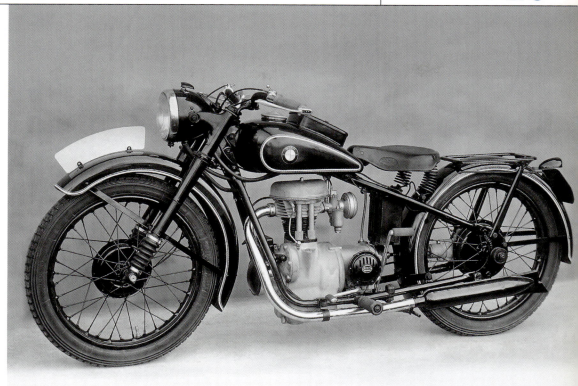

Die R 20 mit verschraubtem Rohrrahmen war, als sie im Jahr 1937 auf den Markt kam, die logische Weiterentwicklung der R 2 mit ihrem Pressstahlrahmen. Die verwendete, moderne Teleskopgabel war jedoch weiterhin ungedämpft. Auch wenn die R 20 mit dem neuen Rahmen nicht mehr so wuchtig wirkte und viel luftiger aussah, war sie dennoch nicht leichter geworden. Die Leistung entsprach mit 8 PS jener der letzten R 2-Serie, aber durch das geänderte Bohrung/Hub-Verhältnis trat die kleine 200er nun als Langhuber an. Der Fahrkomfort wurde durch den Verbau einer modernen Teleskopgabel gesteigert.

Eine optisch auffällige Änderung im Vergleich zur R 2 war das nun auf dem Tank platzierte Werkzeugfach. Bei der R 2 war es noch hinter der Batterie versteckt. In diesem Fach befand sich ein hochwertiges Werkzeugset und eine Reifenpumpe war auch mit an Bord. Der große Erfolg der R 2 und ihrer Nachfolgerin der BMW R 20 basierte auf den geltenden Zulassungs- und Führerscheinbestimmungen, die sich jedoch 1938 zu Ungunsten der Einzylinder bis 200 Kubikzentimeter änderten. Dennoch konnte BMW in der kurzen Bauzeit von 1937–1938 5 000 Maschinen zum Preis von 725 RM absetzen. ■

AUF EINEN BLICK	
Motor	Viertakt, Einzylinder, luftgekühlt
Bohrung x Hub	60 x 68 mm
Hubraum	192 cm³
Leistung	8 PS bei 5.400 U/min
Gemischbildung	1 Einschieber-Vergaser Amal M 74/428
Antrieb	Dreigang-Fußschaltung, Kardan
Übersetzung Hinterradantrieb	1:4,18
Ventiltrieb	ohv
Reifen	3,0 x 19
Tankinhalt	12 l
Leergewicht (vollgetankt)	130 kg
Höchstgeschwindigkeit	95 km/h

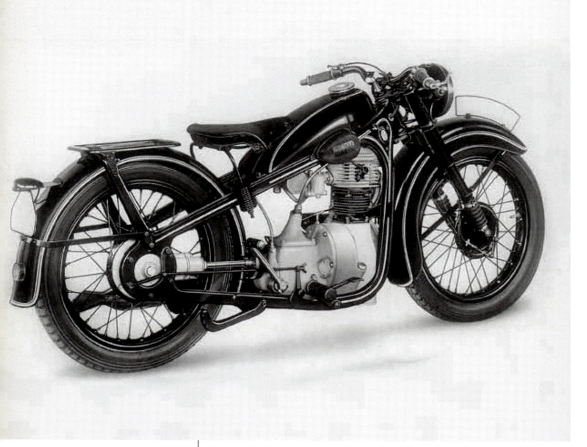

Die R 35 war die letzte Press-stahlrahmen-BMW.

AUF EINEN BLICK	
Motor	Viertakt, Einzylinder, luftgekühlt
Bohrung x Hub	72 x 84 mm
Hubraum	342 cm³
Leistung	14 PS bei 3.500 U/min
Gemischbildung	1 Vergaser Sum CK 3/22
Antrieb	Viergang-Handschaltung, Kardan
Übersetzung Hinterradantrieb	1:5,63
Ventiltrieb	ohv
Reifen	3,5 x 19
Tankinhalt	12 l
Leergewicht (vollgetankt)	155 kg
Höchstgeschwindigkeit	100 km/h

Nachdem der R 3 der Erfolg am Markt verwehrt geblieben war, stellte BMW 1937 die R 35 als neues Einzylinder-Motorrad mit 350 Kubikzentimeter vor. Auffälligstes Merkmal war der immer noch verbaute Pressstahlrahmen, der eigentlich schon vom Rohrrahmen verdrängt war. So stellt die R 35 die letzte BMW mit diesem Rahmenkonstrukt dar. Technisches Highlight war die moderne, wenn auch ungedämpfte Teleskopgabel. Besonders beliebt war die R 35 bei der Polizei und als Wehrmachtsversion beim Militär, wo sie vorzugsweise als Ausbildungsmaschi-ne und zuverlässiges Kurierfahrzeug eingesetzt wurde. In den drei Jahren ihrer Bauzeit bis 1940 konnte BMW so immerhin 15 386 Maschinen zum Preis von 995 RM verkaufen, womit die R 35 durchaus als erfolgreich gelten darf. Unter russischer Verwaltung erlebte die Maschine als EMW R 35 (Eisenacher Motorrad Werke) ab 1945 eine Wiedergeburt. Mit den vorhandenen Restbeständen wurden, zusammen mit dem Nachfolgemodell EMW R 35/3 mit Hinterradfederung, bis 1955 über 80 000 Stück überwiegend an Behörden im Osten verkauft. ■

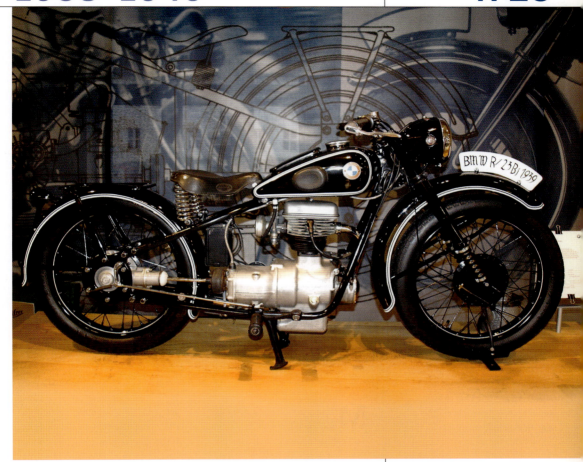

Nachdem im Juni 1938 die neue Straßenverkehrsordnung in Kraft trat und die Führerschein- und Zulassungsbefreiung für Maschinen bis 200 Kubikzentimeter dadurch abgeschafft worden war, brachte BMW maßgeschneidert für die neu geschaffene Führerscheinklasse bis 250 Kubikzentimeter die R 23 heraus. Sofort zu erkennen war dieses Modell an dem im Tank versenkten Werkzeugfach, das, im Vergleich zur Vorgängerin R 20, 2,4 Liter Tankvolumen kostete. Das Fahrgestell mit der ungedämpften Teleskopgabel wurde von der R 20 übernom-

men. Das Bohrung / Hub-Verhältnis wurde quadratisch ausgelegt und die Spitzenleistung stieg um zwei PS auf nunmehr zehn. Die R 23 war mit 750 Reichsmark im Vergleich zur R 20 nur um 25 Reichsmark teurer geworden und verkaufte sich mit 8 021 Stück bis 1940 doch erstaunlich gut, wobei die letzten tausend Exemplare 1940 ausschließlich an das Militär geliefert wurden. Als BMW im Jahr 1948 schließlich die Motorradproduktion wieder aufnahm, diente die R 23 zunächst als Basis für das erste Nachkriegsmodell des Herstellers, die R 24. ∎

Der neuen Hubraumklasse angepasst – die R 23 mit 250 ccm

AUF EINEN BLICK	
Motor	Viertakt, Einzylinder, luftgekühlt
Bohrung x Hub	68 x 68 mm
Hubraum	247 cm³
Leistung	10 PS bei 5.400 U/min
Gemischbildung	1 Einschieber-Vergaser Amal M 74/435 S
Antrieb	Dreigang-Fußschaltung, Kardan
Übersetzung Hinterradantrieb	1:4,18
Ventiltrieb	ohv
Reifen	3,0 x 19
Tankinhalt	9,6 l
Leergewicht (vollgetankt)	135 kg
Höchstgeschwindigkeit	95 km/h

Die R 51 glänzte mit einer technischen Sensation: der Hinterradfederung.

AUF EINEN BLICK	
Motor	Viertakt, Zweizylinder-Boxer, luftgekühlt
Bohrung x Hub	68 x 68 mm
Hubraum	494 cm³
Leistung	24 PS bei 5.600 U/min
Gemischbildung	2 Vergaser Amal 5/423
Antrieb	Viergang-Fußschaltung (+ Handhilfshebel), auf Wunsch nur Handschaltung, Kardan
Übersetzung Hinterradantrieb	1:3,89 (mit Seitenwagen 1:4,62)
Ventiltrieb	ohv
Reifen	3,5 x 19
Tankinhalt	14 l
Leergewicht (vollgetankt)	182 kg
Höchstgeschwindigkeit	140 km/h (mit Seitenwagen 110 km/h)

Mit der Markteinführung der R 51 präsentierte BMW 1938 eine technische Sensation: die Hinterradfederung. Endlich, möchte man aus heutiger Sicht vielleicht sagen, aber damals gab es auch gerade seitens der ambitionierten Rennfahrer, die in der Motorradsaison bereits ein Jahr zuvor die neue Technik ausprobieren konnten, anfängliche Skepsis. Erst die erfolgreiche Teilnahme durch den Konstrukteur Alexander von Falkenhausen an der Sechstagefahrt überzeugte die breite Masse von der Haltbarkeit der Technik. Das Vorgängermodell, die R 5 mit ihrem innovativen Rohrrahmen und dem Sportmotor mit seinen zwei über eine Steuerkette angetriebenen Nockenwellen, war schon sehr dynamisch

ausgerichtet. Ein neuer Schalthebel war nun direkt an der Schaltwelle angebracht.

Die R 51 repräsentierte somit mit den gleichen Komponenten und der zusätzlichen Hinterradfederung aus sportlicher Sicht den absoluten Höhepunkt in der Vorkriegsgeschichte von BMW. Dementsprechend wurde sie als gute Basis für die Wettbewerbsmaschinen R 51 SS (SuperSport, 28 PS und 160 km/h) und R 51 RS (RennSport, 36 PS und 180 km/h) herangezogen. Zum Preis von 1595 RM konnte BMW im Laufe der Bauzeit 3 775 Exemplare unter das Volk bringen. ■

Gutmütige R 61 mit seitengesteuertem Boxermotor

War die BMW R 6 schon die gutmütige und zivile Variante der sportlichen R 5, so verfolgte BMW mit der R 61 diese Linie weiter. Aufgrund des sv-Motors mit sechs PS weniger Leistung ausgestattet, erfreute sich die gemütliche R 61 trotz allem recht großer Beliebtheit. Die Leistungscharakteristik des 600 Kubikzentimeter-Motors kam gut an. Um den Fahrkomfort auf Langstrecken zu erhöhen, erhielt auch die Tourenmaschine R 61 eine Teleskopgabel und die neue, sensationelle Hinterradfederung. Wie auch die anderen Boxer-Modelle zu jener Zeit konnte man die Maschine gegen Aufpreis mit einer kombinierten Hand-Fuß-Schaltung bestellen. Dies war aber nicht nur umständlich, sondern auch noch schwer zu

bedienen und fand dadurch wenig Freunde. Der neue Fußschalthebel, der auch bei der R 51 zum Einsatz kam, besaß wie bei der R 61 kein Zwischengestänge mehr, sondern war nun direkt auf der Schaltwelle angebracht. Ebenfalls neu waren die Blechlaschen oberhalb des Steuerdeckels, die den Motor mit dem Rahmen verbanden und so mehr Stabilität in das Fahrzeug brachten. Zusammen mit der BMW R 71 mit ihrem großen 750-Kubikzentimeter-Boxer war die R 61 die letzte seitengesteuerte BMW. Bis 1941 produzierte das Werk 3 747 Einheiten der R 61 und verkaufte diese zu einem Preis von 1420 RM. Ab diesem Jahr wurde die Produktion ziviler Motorräder zu Gunsten des Militärs eingestellt.

AUF EINEN BLICK	
Motor	Viertakt, Zweizylinder-Boxer, luftgekühlt
Bohrung x Hub	70 x 78 mm
Hubraum	597 cm^3
Leistung	18 PS bei 4.800 U/min
Gemischbildung	2 Vergaser Amal M 75/426 S
Antrieb	Viergang-Fußschaltung (+ Handhilfshebel), auf Wunsch nur Handschaltung, Kardan
Übersetzung Hinterradantrieb	1:3,89 (mit Seitenwagen 1:4,62)
Ventiltrieb	sv
Reifen	3,5 x 19
Tankinhalt	14 l
Leergewicht (vollgetankt)	184 kg
Höchstgeschwindigkeit	115 km/h (mit Seitenwagen 100 km/h)

Die schnellste Serien-BMW der Vorkriegszeit – die R 66

AUF EINEN BLICK	
Motor	Viertakt, Zweizylinder-Boxer, luftgekühlt
Bohrung x Hub	69,8 x 78 mm
Hubraum	597 cm³
Leistung	30 PS bei 5.300 U/min
Gemischbildung	2 Vergaser Amal 6/420 S
Antrieb	Viergang-Fußschaltung (+ Handhilfshebel), auf Wunsch nur Handschaltung, Kardan
Übersetzung Hinterradantrieb	1:3,6 (mit Seitenwagen 1:4,38)
Ventiltrieb	ohv
Reifen	3,5 x 19
Tankinhalt	14 l
Leergewicht (vollgetankt)	187 kg
Höchstgeschwindigkeit	145 km/h (mit Seitenwagen 115 km/h)

Im Zuge einer ganzen Modellreihe, die 1938 mit der R 51, R 61 und R 71 der Öffentlichkeit vorgestellt wurde, wurde die R 66 von BMW als sportliches Spitzenmodell und Nachfolgerin der R 17 eingeführt. Mit ihrem modernen Fahrwerk, ausgestattet mit Teleskopgabel und Hinterradfederung, und dem starken 30 PS-Motor, erreichte die R 66 eine sagenhafte Höchstgeschwindigkeit von 145 Stundenkilometern. Sie war somit die schnellste Serien-BMW der Vorkriegsgeschichte. Aber die Käufer honorierten diese sachlichen Argumente nicht in dem Maße, wie es BMW erhofft hatte. Die R 51, auf die die sportliche Vergangenheit und der Ruhm der

R 5 noch immer abstrahlte, genoss ein viel höheres Prestige, als die R 66 und wurde dementsprechend auch mehr nachgefragt. Ursache hierfür war in erste Linie wohl die Tatsache, dass die R 66 mit ihrem einfach aufgebauten Aggregat nicht auf dem neuesten technischen Stand war. Ihre Nockenwelle mit Stirnradantrieb stand einer modernen Konstruktion von zwei Nockenwellen mit Kettenantrieb der R 51 gegenüber. Und so konnte BMW – trotz einer um ein Jahr längeren Bauzeit – bis 1941 mit 1669 Exemplaren eben nur etwa die Hälfte des 600-Kubikzentimeter-Sportboxers im Vergleich zur R 51 zum Preis von 1695 RM verkaufen. ∎

War schon die R 12 als erstes Motorrad mit einer ölge-dämpften Teleskopgabel eine technische Sensation gewesen, so perfektionierte die Nachfolgerin R 71 mit ihrer revolutionären Hinterradfederung diese Modellreihe. Die Spitzenleistung stieg nur moderat um 2 PS, aber mit dem erheblich verbesserten Fahrkomfort und der bulligen Leistungsentfaltung des 750-Kubikzentimeter-Motors war die R 71 die perfekte Langstrecken- und Reisemaschine der damaligen Zeit. Um eine bessere Kühlung durch den Fahrtwind und eine gesunde Thermik des Motors zu erreichen, wurden bei diesem Modell wieder die alten Doppeldecker-Zylinderköpfe eingesetzt.

Wie die R 61 mit 600 Kubikzentimetern war die R 71 eines der letzten Modelle von BMW, die noch mit dem seitengesteuerten Motor ausgestattet waren. Auch eine Handschaltung konnte man auf Wunsch noch beziehen, dies wurde aber wenig verlangt. Insgesamt wussten die Käufer der damaligen Zeit aber die gute Zusammenstellung der Komponenten an dieser Maschine zu schätzen und BMW konnte bis zum Jahr 1941 satte 3 458 Einheiten zum Preis von 1595 RM verkaufen. Harley-Davidson baute diese Maschine im Zweiten Weltkrieg in geringer Stückzahl als Militärmaschine nach. Die XA ist heute allerdings ziemlich unbekannt. ∎

AUF EINEN BLICK	
Motor	Viertakt, Zweizylinder-Boxer, luftgekühlt
Bohrung x Hub	78 x 78 mm
Hubraum	745 cm³
Leistung	22 PS bei 4.600 U/min
Gemischbildung	2 Vergaser Graetzin G 24
Antrieb	Viergang-Fussschaltung (+ Handhilfshebel), auf Wunsch nur Handschaltung, Kardan
Übersetzung Hinterradantrieb	1:3,6 (mit Seitenwagen 1:3,89)
Ventiltrieb	sv
Reifen	3,5 x 19
Tankinhalt	14 l
Leergewicht (vollgetankt)	187 kg
Höchstgeschwindigkeit	125 km/h (mit Seitenwagen 105 km/h)

R 75 | Gespann | 1941–1944

Robust und zuverlässig, im zweifelhaften Einsatz – das R 75-Gespann

AUF EINEN BLICK	
Motor	Viertakt, Zweizylinder-Boxer, luftgekühlt
Bohrung x Hub	78 x 78 mm
Hubraum	745 cm³
Leistung	26 PS bei 4.000 U/min
Gemischbildung	2 Vergaser Graetzin Sa 24/1 und Sa 24/2
Antrieb	3/4-Gang-Fuß- und Handschaltung + Rückwärtsgang + Wahlhebel für Gelände und Straße, Kardan
Übersetzung Hinterradantrieb	1:6,05 (ab Fahrzeug Nr. 754056: 1:5,69)
Ventiltrieb	ohv
Reifen	4,5 x 16
Tankinhalt	24 l
Leergewicht (vollgetankt)	400 kg (mit Seitenwagen)
Höchstgeschwindigkeit	95 km/h

Schon 1938 erkannte man, dass die bis dahin vom Militär bevorzugte R 12 den Ansprüchen im Gelände auf jeglichem Untergrund von Eis und Schnee bis hin zum Wüstensand nicht gut genug geeignet war. Der raue Militärbetrieb erforderte eine besser auf die Bedürfnisse abgestimmte Maschine. Seitens des Heeres wurde im Zuge eines Entwicklungsauftrags an BMW und Zündapp ein Anforderungskatalog zusammengestellt. Der neue BMW-Rahmen für dieses Projekt war zur einfachen Wartung geteilt und ließ sich bei aufgebocktem Vorderrad nach unten klappen, um so den Motor schnell und einfach entnehmen, beziehungsweise reparieren oder ersetzen zu können. Die Motorexperimente auf Basis des alten

seitengesteuerten R 71-Aggregats erwiesen sich aber wegen Überhitzung bei langsamem Marschtempo als Sackgasse und so wurde ein völlig neuer ohv-Motor mit bulligem Drehmoment von unten heraus entwickelt. Das Getriebe stellte dem Fahrer vier Straßen- und drei Geländeübersetzungen zur Verfügung – für jedes Einsatzgebiet geeignet. Für die sehr gute Geländetauglichkeit sorgte der permanente Antrieb des Beiwagenrads. Um das 400-Kilo-Monster in schwierigen Situationen sicher rangieren zu können, gab es einen Rückwärtsgang. Bis 1944 wurden in München und ab 1942 in Eisenach insgesamt 18 000 Stück des R 75-Wehrmachtsgespannes gefertigt. Der Kaufpreis lag bei 2 630 RM. ∎

1948–1950 R 24

R 24: die erste Nachkriegs-BMW

Nach schwierigen Jahren in der Nachkriegszeit überraschte BMW auf dem Genfer Salon 1948 die Öffentlichkeit mit der Präsentation einer neuen Maschine. Die R 24 war die erste BMW nach dem Krieg und basierte auf der von 1938 bis 1940 gebauten R 23. Sie verhalf BMW zu einem Neuanfang der Motorradproduktion in München. Da keine Pläne mehr vorhanden waren, mussten die Mitarbeiter quasi wieder bei Null anfangen und alle benötigten Teile neu vermessen. Auch das Fehlen von dringend benötigten Maschinen stand einer reibungslosen Produktion im Weg. Der Erlass des „Maschinenausgleichs" behob dieses Problem in der Folgezeit. Das Fahrwerk war von der R 23 komplett übernommen worden. Der Motor wurde überarbeitet und mit Bing-Vergasern ausgestattet. Er leistete nun 2 PS mehr als in der R 23. Obwohl man bei der R 24 auf eine Hinterradfederung verzichtet hatte, war die Nachfrage mit 2 500 Vorbestellungen enorm und anfänglich von BMW kaum zu erfüllen. 12 020 Einheiten wurden für 1750 DM verkauft. Die erste R 24 wurde am 17. Dezember 1948 unter der Belegschaft verlost. ■

AUF EINEN BLICK	
Motor	Viertakt, Einzylinder, luftgekühlt
Bohrung x Hub	68 x 68 mm
Hubraum	247 cm^3
Leistung	12 PS bei 5.600 U/min
Gemischbildung	1 Bing Typ AJ 1/22/140b
Antrieb	Viergang-Fußschaltung (+ Hilfsschalthebel am Getriebeblock), Kardan
Übersetzung [1]	4,18:1 oder 4,25:1
Ventiltrieb	ohv
Reifen	3,00 x 19
Tankinhalt	12 l
Leergewicht (vollgetankt)	130 kg
Höchstgeschwindigkeit	95 km/h

[1] Hinterradantrieb

Die R 51/2 war der erste Nachkriegs-Boxer

AUF EINEN BLICK	
Motor	Viertakt, Zweizylinder-Boxer, luftgekühlt
Bohrung x Hub	68 x 68 mm
Hubraum	494 cm³
Leistung	24 PS bei 5.800 U/min
Gemischbildung	2 Vergaser Typ Bing 1/22/39-1/22/40
Antrieb	Viergang-Fußschaltung (+ Hilfsschalthebel am Getriebeblock), Kardan
Übersetzung Hinterradantrieb	3,89:1 (mit Seitenwagen 4,57:1)
Ventiltrieb	ohv
Reifen	3,50 x 19
Tankinhalt	14 l
Leergewicht (vollgetankt)	185 kg
Höchstgeschwindigkeit	135 km/h

Durch die Hubraumbeschränkung der Alliierten in der Nachkriegszeit auf maximal 250 Kubikzentimeter konnten die Bayern zur Markteinführung der Einzylinder-R 24 im Jahr 1948 noch keinen neuen Boxer präsentieren. Jedoch entwickelte man im Verborgenen bereits parallel an der R 51/2, die, wie der Name schon vermuten lässt, auf der Vorkriegs-R 51 basierte und mit ihrer Hinterradfederung damals eine technische Sensation war. Nach der erfolgreichen Präsentation Ende 1949 war es dann 1950 soweit. Die R 51/2 kam als erste Boxer-BMW nach dem Krieg auf den Markt. Viele Änderungen zur R 51 gab es nicht. Technisch waren die beiden Maschinen fast identisch.

Erstmals tauchten die markant geteilten Ventildeckel auf, die auf den neuen Zylinderköpfen mit eingeschraubten Kipphebel-Lagerblöcken saßen. Die Amal-Vergaser wurden durch schräg angebrachte 22-Millimeter-Bing-Vergaser ersetzt. Die Leistung blieb mit 24 PS identisch. Das Fahrwerk wurde durch die Verwendung des Dämpfungssystems der R 75-Gabel verbessert. Eine auffällige optische Verwandtschaft zu den Einzylinder-Modellen jener Zeit war der geschwungene Kotflügel vorn. Obwohl die R 51/2 mit einem Preis von 2750 DM nicht gerade günstig war, so erfreute sie sich doch (besonders im Export) großer Beliebtheit und konnte 5000-mal verkauft werden.

R 25: die erste Einzylinder-BMW mit Hinterradfederung

Im Jahr 1950 wurde die R 24 von der R 25 abgelöst. Die R 25 war die erste Einzylinder-BMW, die mit einer Hinterradfederung ausgestattet war. Um eine höhere Rahmenfestigkeit für den Gespannbetrieb zu erreichen, war der Rahmen nun verschweißt und nicht mehr verschraubt. Eine optische Gemeinsamkeit zur ebenfalls 1950 wieder eingeführten Boxer-BMW R 51/2 war der charakteristisch geschwungene Vorderradkotflügel. Schon 1951 wurde mit der R 25/2 eine im Detail verbesserte Version präsentiert. Auffälligste Merkmale der R 25/2 waren der geänderte Kotflügel vorn und der neue Sattel. Der Motor wurde nur leicht modifiziert und realisierte nun eine Höchstgeschwindigkeit von 105 Stundenkilometern.

Größere Änderungen kamen im Jahr 1953 mit der R 25/3 auf den Markt. Durch den Einsatz größerer Vergaser und einer höheren Verdichtung von 6,5:1 auf 7:1 stieg die Motorleistung in der Serie 3 auf 13 PS. Allerdings darf von einer werksseitigen Untertreibung ausgegangen werden, da die Maschine fast 120 Stundenkilometer schnell war. Des weiteren gab es einen neuen Tank, Leichtmetallfelgen und Vollnabenbremsen. Mit sagenhaften 47 700 verkauften R 25/3 blieb die Einzylinder-BMW mit ihrem markanten schwarzen Zylinderkopf lange Zeit die meist verkaufte BMW. Insgesamt liefen von den R 25-Serien 1–3 in sechs Jahren Produktionszeit deutlich über 100 000 Stück vom Band. ■

AUF EINEN BLICK	
Motor	Viertakt, Einzylinder, luftgekühlt
Bohrung x Hub	68 x 68 mm
Hubraum	247 cm^3
Leistung 12/13 PS bei 5.600/5.800 U/min	
Gemischbildung	Vergaser (siehe Tabelle)
Antrieb	Viergang-Fußschaltung (+ Hilfsschalthebel am Getriebeblock), Kardan
Übersetzung Hinterradantrieb	4,5:1 (mit Seitenwagen 5,14:1)
Ventiltrieb	ohv
Reifen	3,25 x 19
Tankinhalt	12 l
Leergewicht (vollgetankt)	140/142/150 kg
Höchstgeschwindigkeit	95/105/119 km/h (mit Seitenwagen 80/88/105)

ZUSATZINFO					
Baujahr	Serie	PS	Vergaser	Preis DM	Einheiten
1950–51	1	12	1 Bing Typ 1/22/28	1.750	23.400
1951–53	2	12	1 Bing Typ 1/22/44 oder SAWE Typ K 22 F	1.990	38.651
1953–56	3	13	1 Bing Typ 1/24/41 oder SAWE Typ K 24 F	2.060	47.700

Die R 51/3 hatte einen neu entwickelten Boxer-Motor.

AUF EINEN BLICK	
Motor	Viertakt, Zweizylinder-Boxer, luftgekühlt
Bohrung x Hub	68 x 68 mm
Hubraum	494 cm³
Leistung	24 PS bei 5.800 U/min
Gemischbildung	2 Vergaser Typ Bing 1/22/41-1/22/42 oder 1/22/61-1/22/62
Antrieb	Viergang-Fußschaltung (+ Hilfshandhebel am Getriebeblock), Kardan
Übersetzung Hinterradantrieb	1:3,89 (mit Seitenwagen 1:4,75)
Ventiltrieb	ohv
Reifen	3,50 x 19
Tankinhalt	17 l
Leergewicht (vollgetankt)	190 kg (mit Seitenwagen 320 kg)
Höchstgeschwindigkeit	135 km/h (mit Seitenwagen 95 km/h)

Zusammen mit der ebenfalls neuen R 67 mit ihrem 600-Kubikzentimeter-Boxer wurde 1951 die 500-Kubikzentimeter-R 51/3 auf dem Amsterdamer Salon präsentiert. Die Motoren waren für die beiden Maschinen komplett neu konstruiert worden. Anstelle der zwei kettengetriebenen Nockenwellen kam nun wieder eine zentrale, stirnradgesteuerte Nockenwelle zum Ersatz. Hauptgrund hierfür war der hohe Verschleiß der langen Steuerkette. Auch das äußere Erscheinungsbild des Boxer-Motors hatte sich mit vielen glatten Flächen und den einteiligen gerippten Ventildeckel deutlich verändert. Insgesamt wirkte der Motor moderner und kompakter, da die Lichtmaschine und der Zündmagnet hinter dem

vorderen Motordeckel platziert wurde. Bereits 1952 gab es erste Modifikationen und die Duplex-Bremse ersetzte die bis dahin verwendete Simplex-Bremse. Auch in den darauf folgenden Jahren, 1953 und 1954, gab es prägnante Änderungen. So wurden 1953 die Metallhülsen an der Gabel gegen Gummifaltenbälge ersetzt. Im letzten Baujahr kamen noch Vollnaben-Bremsen und Leichtmetallfelgen anstelle der Stahlfelgen zum Einsatz. Die auffällige Fischschwanz-Auspuffform wich einer klassischen Zigarrenform. 18 240 Stück der R 51/3 konnte BMW zum Preis von 2 750 DM absetzen. ■

R 67/3 Gespann

Auf dem Amsterdamer Salon wurde neben dem 500-Kubikzentimeter-Boxer R 51/3 auch die neue BMW R 67 mit 600 Kubikzentimetern präsentiert. Die neu konstruierten Boxer-Motoren waren technisch identisch. Die R 67 war ebenfalls mit der neuen stirnradgesteuerten, zentralen Nockenwelle anstelle der zwei kettengetriebenen Nockenwellen ausgestattet. Wie schon bei der R 51/3 waren auch bei der R 67 das glattflächige Motorgehäuse und die einteiligen gerippten Ventildeckel optisch markante Merkmale. Weil die Bremswirkung von Anfang an kritisiert worden war, mussten die Simplex-Bremsen bereits zum ersten Modelljahr-Wechsel einer kraftvolleren Duplex-Bremse weichen.

Das Fahrzeug hieß nun R 67/2 und hatte durch einen höher verdichtenden Motor 2 PS gewonnen. 1953 wurden die Metallhülsen an der Gabel gegen Gummifaltenbälge ersetzt, 1954 kamen Vollnabenbremsen und Leichtmetallfelgen zum Einsatz. Danach, von 1955 bis 1956, gab es die Maschine unter dem Namen R 67/3 nur noch als Gespann zu kaufen. Der Absatz brach in den letzten beiden Produktionsjahren ein. Bei Preisen von 2 875 DM bis 3 235 DM (Gespann) konnte BMW aber immerhin rund 6 400 Stück verkaufen. ∎

ZUSATZINFO

Baujahr	Serie	PS	Preis DM	Einheiten
1951–51	1	26	2.875	1.470
1951–54	2	28	3.235	4.234
1955–56	3	28	3.235	700

AUF EINEN BLICK

Motor	Viertakt, Zweizylinder-Boxer, luftgekühlt
Bohrung x Hub	72 x 73 mm
Hubraum	594 cm^3
Gemischbildung	2 Vergaser Typ Bing 1/24/15–1/24/16
Antrieb	Viergang-Fußschaltung (+ Hilfshandhebel am Getriebeblock), Kardan
Übersetzung Hinterradantrieb	1:3,56 (mit Seitenwagen 1:4,38)
Leistung	26/28 PS bei 5.500/5.600 U/min
Ventiltrieb	ohv
Reifen	3,50 x 19
Tankinhalt	17 l
Leergewicht (vollgetankt)	192 kg (mit Seitenwagen 320 kg)
Höchstgeschwindigkeit	145 km/h (mit Seitenwagen 100 km/h)

Das 100-Meilen-Motorrad R 68

AUF EINEN BLICK	
Motor	Viertakt, Zweizylinder-Boxer, luftgekühlt
Bohrung x Hub	72 x 73 mm
Hubraum	594 cm³
Leistung	35 PS bei 7.000 U/min
Gemischbildung	2 Vergaser Typ Bing 1/26/9-1/26/10
Antrieb	Viergang-Fußschaltung (+ Hilfshandhebel am Getriebeblock), Kardan
Übersetzung Hinterradantrieb	1:3,89 (mit Seitenwagen 1:4,75)
Ventiltrieb	ohv
Reifen	3,50 x 19
Tankinhalt	17 l
Leergewicht (vollgetankt)	190 kg (mit Seitenwagen 320 kg)
Höchstgeschwindigkeit	160 km/h (mit Seitenwagen 116 km/h)

Die Wiederaufnahme der Produktion war BMW in der Nachkriegszeit mit den Modellen R 51/3 und R 67 gut gelungen. Innerhalb Deutschlands lief es gut für die Marke mit dem Propeller. Nur auf dem internationalen Parkett fand BMW noch nicht die gewünschte Anerkennung. Das lag vor allem an der Tatsache, dass man kein so genanntes 100-Meilen-Motorrad (160 Stundenkilometer) im Programm hatte, welches für das Markenimage zur damaligen Zeit enorm wichtig war. Die IFMA in Frankfurt brachte dann 1951 die Erlösung in Form der R 68. Sie erreichte, mit eng anliegender Kleidung und gestreckter Fahrerhaltung (dafür war extra das hintere Sitzbrötchen konzipiert), die international so wichtige Spitze von 160 km/h und wurde als der 100-Meilen-Renner von BMW gefeiert. Die dazu nötige Leistungssteigerung des 600-Kubikzentimeter-Boxers auf 35 PS wurde durch eine andere Nockenwelle, größere Ventile, 26-Millimeter-Bing-Vergaser und eine höhere Verdichtung auf 7,5:1 erreicht. Die vorne eingesetzte Duplex-Bremse sollte eine sichere Verzögerung aus dieser hohen Geschwindigkeit garantieren. Allerdings war dieses sportliche Freizeitvergnügen für damalige Verhältnisse nicht eben preiswert zu erlangen. Zum stattlichen Preis von 3 950 Mark konnte BMW vom Jahr der Markteinführung 1952 bis zum Produktionsende 1954 immerhin 1452 Stück verkaufen.

Die R 50 mit sensationellen Vollschwingenfahrwerk

Im Jahr 1955 läutete die R 50 eine neue Motorradgeneration bei BMW ein. Sie wurde zusammen mit der ebenfalls neuen R 69 auf dem Motorrad Salon in Brüssel der Öffentlichkeit vorgestellt und machte mit dem neuen Vollschwingenfahrwerk auf sich aufmerksam. Hinten wurde eine moderne Langarmschwinge verbaut, in deren rechten Schwingenholm, sauber gekapselt, die Kardanwelle lief. Die einfache Teleskopgabel wurde durch eine geschobene Schwinge mit Federbeinen, der sogenannten Earles-Schwinge (benannt nach dem Erfinder der Konstruktion) ersetzt. Sie verlieh dem Fahrzeug ein bis dato unbekannt gutes Fahrverhalten. Testfahrer und Presse überschlugen sich vor Lob für diese neue Fahrwerkstechnik. Als Nachfolgemodell der R 51/3 erhielt die R 50 auch deren Motor fast unverändert. Die Bing-Vergaser waren zwei Millimeter größer im Durchmesser und so konnten 26 PS und eine Höchstgeschwindigkeit von 140 Stundenkilometern realisiert werden. Auch wenn sich die BMW damit eher gemütlich fuhr, war sie doch gerade bei Behörden und öffentlichen Einrichtungen sehr beliebt. Bis 1960 konnte BMW 13 510 Einheiten zum Preis von 3 050 DM absetzen, dann folgte die im Detail modifizierte R 50/2 und führte die Modellreihe bis 1969 erfolgreich fort.

AUF EINEN BLICK	
Motor	Viertakt, Zweizylinder-Boxer, luftgekühlt
Bohrung x Hub	68 x 68 mm
Hubraum	494 cm^3
Leistung	26 PS bei 5.800 U/min
Gemischbildung	2 Vergaser Bing 1/24/45-1/24/46
Antrieb	Viergang, Kardan
Übersetzung Hinterradantrieb	1:3,18 (mit Seitenwagen 1:4,25 oder 1:4,33)
Ventiltrieb	ohv
Reifen	3,50 x 18
Tankinhalt	17 l
Leergewicht (vollgetankt)	195 kg (mit Seitenwagen 320 kg)
Höchstgeschwindigkeit	140 km/h (mit Seitenwagen 100 km/h)

R 69

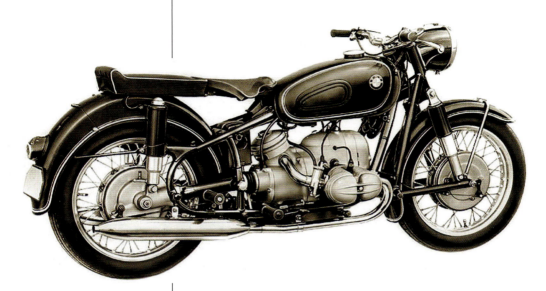

Gute Fahreigenschaften und hohe Geschwindigkeit, dafür stand die R 69.

AUF EINEN BLICK	
Motor	Viertakt, Zweizylinder-Boxer, luftgekühlt
Bohrung x Hub	72 x 73 mm
Hubraum	594 cm³
Leistung	35 PS bei 6.800 U/min
Gemischbildung	2 Vergaser Bing 1/26/9-1/26/10
Antrieb	Viergang, Kardan
Übersetzung Hinterradantrieb	1:3,18 (mit Seitenwagen 1:4,25 oder 1:4,33)
Ventiltrieb	ohv
Reifen	3,50 x 18
Tankinhalt	17 l
Leergewicht (vollgetankt)	202 kg (mit Seitenwagen 320 kg)
Höchstgeschwindigkeit	165 km/h

Als Nachfolgerin des 100-Meilen-Motorrades R 68 war es für die 1955 präsentierte R 69 natürlich eine Pflicht, dieses für den internationalen Markt und damit für den Export weltweit wichtige Kriterium auch zu erfüllen und die 160 Stundenkilometer-Marke zu knacken. Auch sie war als Mitglied der neuen Boxer-Generation mit dem Vollschwingenfahrwerk ausgestattet. Hinten lief der Kardan gekapselt in einem Ölbad im rechten Holm der modernen Langarmschwinge und vorne arbeitete die geschobene Earles-Schwinge (benannt nach ihrem Erfinder, dem englischen Konstrukteur Ernie Earles) mit ihren Federbeinen exzellent. Wie schon bei den kleinen 500-Kubikzentimeter-Boxern waren auch hier die Fahrer vom Verhalten des neuen Fahrwerkes restlos begeistert. Hierzu trug auch die Verwendung von Kegelrollenlagern am Schwingenarm und den Rädern bei. Am Lenker befand sich nun ein Zündverstellhebel. Der Motor war ohne große Änderungen von der R 68 übernommen worden und bot so auch sportlichen Fahrern ausreichend Leistung. Wie die R 50 war auch die R 69 als Behördenkrad sehr beliebt und sicherte mit vielen öffentlichen Auftritten, zum Beispiel als Begleitfahrzeug bei Kolonnen oder Paraden, der Marke BMW ein positives Image. Hier sah man auch besonders oft den mit dem Lampenbügel verbauten Windschutzschild. Bis zur Markteinführung der R 69 S im Jahr 1960 wurde die Maschine für 3950 DM insgesamt 2956-mal verkauft.

R 26: technisch moderne Nachfolgerin der R 25

Die für lange Zeit erfolgreichste BMW, die R 25 (Serie 1–3 wurde über 100 000-mal gebaut), erhielt im Jahr 1956 mit der R 26 eine Nachfolgerin. Wie schon die 1955 präsentierten Boxer-Modelle besaß nun auch das Einzylinder-Modell von BMW das moderne Vollschwingenfahrwerk. Auch hier kam die gezogene Schwinge mit Federbeinen zum Einsatz. Die hinteren Federbeinhülsen standen etwas schräger als bei der R 25 und den Boxer-Modellen. Der Kardan lief ebenfalls vollgekapselt im rechten Schwingenholm. Der Tank wurde im Vergleich zur Vorgängerin um drei Liter auf 15 Liter vergrößert und besaß nun ein integriertes Werkzeugfach. Wahlweise konnte man auch einen höheren Lenker und eine durchgehende Zweipersonensitzbank bestellen, um so die Maschine tourentauglicher zu gestalten. Durch eine etwas höhere Verdichtung von 7,5:1 und dem mit 26 Millimetern größeren Bing-Vergaser konnte auch die Leistung um zwei PS und die Höchstgeschwindigkeit um knapp zehn km/h auf 128 Stundenkilometer gesteigert werden. Obwohl sich die R 26 mit 30 236 Stück zum Preis von 2 150 DM nicht schlecht verkauft hatte, konnte sie doch nicht an den überwältigenden Erfolg ihrer Vorgängerin anknüpfen. Die Veranlagung dazu hätte sie mit dem Topfahrwerk sicher gehabt, aber die zunehmende Motorradabsatzkrise im Inland verhinderte einen hohen Absatz und führte zu einem stärkeren Export. ■

AUF EINEN BLICK	
Motor	Viertakt, Einzylinder, luftgekühlt
Bohrung x Hub	68 x 68 mm
Hubraum	247 cm^3
Leistung	15 PS bei 6.400 U/min
Gemischbildung	1 Vergaser Typ Bing 1/26/46
Antrieb	Viergang, Kardan
Übersetzung Hinterradantrieb	1:4,16 (mit Seitenwagen 1:5,2)
Ventiltrieb	ohv
Reifen	3,25 x 18
Tankinhalt	15 l
Leergewicht (vollgetankt)	158 kg
Höchstgeschwindigkeit	128 km/h (mit Seitenwagen 90 km/h)

R 60

*Bei Behörden beliebt, für BMW
sehr wichtig: die R 60*

AUF EINEN BLICK

Motor	Viertakt, Zweizylinder-Boxer, luftgekühlt
Bohrung x Hub	72 x 73 mm
Hubraum	594 cm³
Leistung	28 PS bei 5.600 U/min
Gemischbildung	2 Vergaser Typ Bing 1/24/95-1/24/96
Antrieb	Viergang, Kardan
Übersetzung Hinterradantrieb	1:2,91 (mit Seitenwagen 1:3,86)
Ventiltrieb	ohv
Reifen	3,50 x 18
Tankinhalt	17 l
Leergewicht (vollgetankt)	195 kg (mit Seitenwagen 320 kg)
Höchstgeschwindigkeit	145 km/h

Die 1956 vorgestellte R 60 war die Nachfolgerin des schweren R 67/3-Gespanns (1955 bis 1956). Mit der modernen Fahrwerkstechnik komplettierte sie somit die neue Modellgeneration aus dem Hause BMW. Auch ihr Fahrverhalten profitierte von der Langarmschwinge mit gekapselter Kardanwelle und der geschobenen Schwinge mit Federbeinen vorne. Der auf hohes Drehmoment ausgelegte Boxer harmonierte mit seinen 28 PS Spitzenleistung auch gut mit dem neuen Fahrgestell der R 60. Dem zum Ende der Bauzeit auf 700 Exemplare in zwei Jahren eingebrochenen Absatz der R 67/3 konnte die neue R 60 mit ihren

3 530 verkauften Einheiten bis zum Jahr 1960 zwar auch nicht wesentlich steigern, doch erfreute sie sich wie die Schwestermodelle R 50 und R 69 bei den Behörden und Ämtern als robustes Einsatzfahrzeug großer Beliebtheit. Beispielsweise setzte der ADAC die 3 235 DM teure Gespann-Maschine gerne ein. Dieser Umstand sollte für BMW in der Absatzkrise ab Ende der 50er- und in den 60er-Jahren das wirtschaftliche Überleben sichern. In dieser Zeit verschwanden so große Marken wie Horex, DKW und Adler vom Markt. Zudem stimmte BMW auch die steigende Nachfrage aus den USA positiv. ■

Sportlich ausgelegt und
stark motorisiert – die R 50 S

Nachdem die schwerste Zeit der Absatzkrise für BMW Ende der 50er-Jahre überwunden war, witterte man in München im Bereich Export Morgenluft. Besonders in den USA wurden die Boxer-Modelle stark nachgefragt. Wichtig für den Ausbau dieses Geschäfts waren jedoch Leistungsdaten, die weltweit Anerkennung finden würden, und so präsentierte BMW 1960 auf der IFMA (Internationale Fahrrad- und Motorrad Ausstellung) die sportliche R 50 S. Die Leistung war mit 35 PS sehr beeindruckend, entsprach sie doch, ausgestattet mit dem 600-Kubikzentimeter-Boxer, der des legendären 100-Meilen-Motorrades R 69 (1955 bis 1960). Äußerlich waren die neuen sportlichen S-Modelle (R 69 S) an den großen Luftfilterabdeckungen

und dem serienmäßigen Lenkungsdämpfer gut erkennbar. Der neue Luftfilterkasten sorgte in Kombination mit einer neuen Auspuffanlage für einen besseren Luftdurchsatz. Im Vergleich zur ihrer großen Schwester R 69 S, die parallel auf der IFMA präsentiert wurde und bis 1969 am Markt blieb, wurde die R 50 S nur zwei Jahre, bis 1962, angeboten. Immerhin konnten in diesem kurzen Zeitraum 1634 Stück zum Preis von 3 535 DM in Deutschland verkauft, beziehungsweise exportiert werden. Auch im Ausland wurden im Verlauf der Bauzeit die anfänglich nur im Inland verwendeten Ochsenaugen-Blinker an den Lenkerenden von Hella angeboten. ■

AUF EINEN BLICK	
Motor	Viertakt, Zweizylinder-Boxer, luftgekühlt
Bohrung x Hub	68 x 68 mm
Hubraum	494 cm³
Leistung	35 PS bei 7.650 U/min
Gemischbildung	2 Vergaser Bing 1/26/71-1/26/72
Antrieb	Viergang, Kardan
Übersetzung Hinterradantrieb	1:3,58 (mit Seitenwagen 1:4,33)
Ventiltrieb	ohv
Reifen	3,5 x 18 S
Tankinhalt	17 l
Leergewicht (vollgetankt)	195 kg (mit Seitenwagen 320 kg)
Höchstgeschwindigkeit	160 km/h

R 27: Letzter BMW-Einzylinder mit Kardan

AUF EINEN BLICK	
Motor	Viertakt, Einzylinder, luftgekühlt
Bohrung x Hub	68 x 68 mm
Hubraum	247 cm³
Leistung	18 PS bei 7.400 U/min
Gemischbildung	1 Vergaser Bing 1/26/68
Antrieb	Viergang, Kardan
Übersetzung Hinterradantrieb	1:4,16 (mit Seitenwagen 1:5,2)
Ventiltrieb	ohv
Reifen	3,25 x 18
Tankinhalt	15 l
Leergewicht (vollgetankt)	162 kg
Höchstgeschwindigkeit	130 km/h (mit Seitenwagen 90 km/h)

Nach vier Jahren Bauzeit wurde die Einzylinder-BMW R 26 überarbeitet und präsentierte sich ab 1960 als neue R 27. Die R 27 wurde Anfang der 60er-Jahre aber in eine für Motorräder unglückliche Zeit hinein geboren. Das Motorrad als allein bezahlbares Fortbewegungsmittel für den Normalbürger wurde immer mehr von kleinen Automobilen (BMW Isetta) verdrängt und das Motorrad als reines Hobby stand noch vor der Entdeckung. Somit war die eigentliche Absatzgrundlage in dieser Zeit fast gänzlich weggebrochen. Ihr guter Ruf und ihre Beliebtheit bei Behörden sicherte der R 27, wie auch den Boxer-Modellen jener Zeit das Überleben. Gegenüber ihrer Vorgängerin wies die R 27 allerdings eine prägnante technische Neuerung auf: Ihr Motor war

vollkommen gummigelagert und übertrug so wesentlich weniger Vibrationen auf das Chassis. Auch im Inneren wurde der Motor überarbeitet. Die Zündkontakte wurden vorn an der Nockenwelle angebracht und die Verdichtung wurde von 7,5:1 auf 8,2:1 erhöht. Der Motor brachte nun 18 PS und drehte mit 7400 Touren deutlich höher.

Insgesamt konnte man bis 1966 15 364 Exemplare zum Preis von 2 430 DM Mark auf den Markt bringen. Die R 27 ist bis heute ein ganz besonderes Motorrad der BMW-Geschichte, da sie die letzte Einzylinder-BMW mit Kardanantrieb ist. Erst in den 90er-Jahren des letzten Jahrhunderts kam mit der F 650 wieder ein BMW-Einzylinder auf den Markt, allerdings war die F erstmalig mit Kettenantrieb ausgestattet. ∎

Der Inbegriff einer klassischen BMW – die R 50/2

Die R 50 wurde 1960 in vielen Details verbessert und hieß nun R 50/2. Zu erkennen ist das überarbeitete Modell beispielsweise an dem größeren Rücklicht. Besonders schön waren die Versionen mit den ab 1962 angebotenen Blinkern an den Lenkerenden, auch Ochsenaugen genannt. Durch den Einsatz hochwertiger Komponenten beim Vollschwingen-Fahrwerk, das von der R 50 übernommen wurde, und der durchgehenden Verwendung von Kegelrollenlagern war diese Modellbaureihe technisch sehr modern und trotzdem äußerst robust. Mit ihr wurde der Ruf der unzerstörbaren BMW-Boxer-Modelle in die Welt hinausgetragen. Speziell für den amerikanischen

Markt wurde eine Version mit hohem Lenker gebaut. Mit einer Gesamtbauzeit von 14 Jahren, die heutzutage undenkbar wäre (1955 bis 1969) gilt diese Baureihe als Inbegriff einer klassischen Boxer-BMW. Es dürfte wohl wenig schönere Motorräder als eine gepflegte R 50/2 geben. Da der Preis mit 3 130 DM im Vergleich zur R 50 nur sehr moderat gestiegen war, verkaufte sich die /2 mit 19 036 Stück sogar noch besser als ihre Vorgängerin. Eine R 50/2 im Top-Zustand erzielt heute auf dem Klassik-Gebrauchtfahrzeugmarkt absolute Liebhaberpreise. ∎

AUF EINEN BLICK	
Motor	Viertakt, Zweizylinder-Boxer, luftgekühlt
Bohrung x Hub	68 x 68 mm
Hubraum	494 cm^3
Leistung	26 PS bei 5.800 U/min
Gemischbildung	2 Vergaser Bing 1/24/45 - 46 oder 1/24/131-132 oder 1/24/149-150
Antrieb	Viergang, Kardan
Übersetzung Hinterradantrieb	1:3,18 (mit Seitenwagen 1:4,25 oder 1:4,33)
Ventiltrieb	ohv
Reifen	3,50 x 18
Tankinhalt	17 l
Leergewicht (vollgetankt)	202 kg (mit Seitenwagen 320 kg)
Höchstgeschwindigkeit	140 km/h (mit Seitenwagen 100 km/h)

R 60/2

Die R 60/2 sicherte der Firma BMW Motorrad die Existenz.

AUF EINEN BLICK	
Motor	Viertakt, Zweizylinder-Boxer, luftgekühlt
Bohrung x Hub	72 x 73 mm
Hubraum	594 cm^3
Leistung	30 PS bei 5.800 U/min
Gemischbildung	2 Vergaser Bing 1/24/125 - 126 oder 1/24/133-134 oder 1/24/151-152
Antrieb	Viergang, Kardan
Übersetzung [1]	1:3,13 oder 1:3,38 (mit Seitenwagen 1:3,86)
Ventiltrieb	ohv
Reifen	3,50 x 18
Tankinhalt	17 l
Leergewicht (vollgetankt)	195 kg (mit Seitenwagen 320 kg)
Höchstgeschwindigkeit	145 km/h

[1] Hinterradantrieb

Die modifizierte R 60/2 kam 1960 als Nachfolgerin der R 60 mit einer höheren Verdichtung 7,5:1 (R 60: 6,5:1) und 2 PS mehr Leistung auf den Markt. Das Modell war wie alle anderen Boxer zu jener Zeit in vielen Punkten modifiziert worden. Es gab eine verbesserte Kupplung und motorseitig verstärkte Kurbel- und Nockenwellen. Hinzu kam eine optimierte Entlüftung des Kurbel- und Getriebegehäuses. Durch diese Änderungen resultierte eine sprichwörtliche hoch technische Zuverlässigkeit, die am Markt sehr gut ankam. Hierdurch erlangte sie, zusammen mit der R 50/2, in ihrer langen Bauzeit von neun, respektive 14 Jahren,

den Ruf der unzerstörbaren Boxer-Modelle. Dies war dem positiven Image der Marke äußerst dienlich. Vertrauen bei der Kundschaft schaffte auch die Tatsache, dass viele Behörden und öffentliche Einrichtungen diese Maschine gerne nutzten. Besonders der breite Einsatz durch den ADAC demonstrierte Haltbarkeit. Wo ein „Gelber Engel" in den 60er-Jahren auch auftauchte, saß er meist auf einer R 60/2. Mit ihrer hohen Absatzzahl von 17 306 trug sie maßgeblich dazu bei, dass die Existenz von BMW Motorrad in den umsatzschwachen Jahren gesichert blieb. Mit 3 315 DM war sie nur geringfügig teurer geworden.

Neben den /2-Touring-Model-len und dem vorerst letzten Einzylinder R 27 wurde das sportliche Spitzenmodell R 69 S der Öffentlichkeit vorgestellt. Die beeindruckenden Leistungsdaten von 42 PS und 175 Stundenkilometern Höchstgeschwindigkeit waren Werte, die international für Aufsehen sorgten. Speziell den sportlichen Modellen aus England wollte man mit der neuen 600-Kubikzentimeter-Sportboxer Paroli bieten. Wie schon die R 50 S war die R 69 S gut durch den großen Luftfilterkasten zu erkennen. Die Kurbelwelle des R 69-S-Motors war mit einem Schwingungsdämpfer versehen. Wie an der R 50 S zeichnete sich das optimale Fahrverhalten durch den Einsatz eines hydraulischen Lenkungsdämpfers aus. Speziell für den US-Markt wurde die R 69 S mit einem hohen

Lenker und einer breiteren Sitzbank angeboten. Als Ausstattungswunsch konnte man einen 24-Liter-Tank und eine Sonderlackierung wählen. Als wichtiges Detail bleibt zu erwähnen, dass die R 69 S ab 1957 für den US-Markt mit einer Telegabel angeboten wurde und so als technisch sehr modern galt. Jedoch konnte BMW durch die weiterhin anhaltende, schwache Konjunktur trotz der langen Bauzeit gerade mal 11 317 Einheiten des Sportboxers für 4 030 DM am Markt platzieren. Als weitere Besonderheit stellt die R 69 S das letzte in München gebaute Modell dar. Nach ihrem Produktionsende im Jahr 1969 wurde die Motorradproduktion in München eingestellt und komplett in das ehemalige Flugmotorenwerk in Berlin-Spandau verlegt. ■

Das sportliche Spitzenmodell im BMW-Programm R 69 S

AUF EINEN BLICK	
Motor	Viertakt, Zweizylinder-Boxer, luftgekühlt
Bohrung x Hub	72 x 73 mm
Hubraum	594 cm^3
Leistung	42 PS bei 7.000 U/min
Gemischbildung	2 Vergaser Bing 1/26/75 – 1/26/76 oder 1/26/91-1/26/92
Antrieb	Viergang, Kardan
Übersetzung [1]	1:3,13 oder 1:3,375 (mit Seitenwagen 1:4,33)
Ventiltrieb	ohv
Reifen	3,5 x 18 S
Tankinhalt	17 l
Leergewicht (vollgetankt)	198 kg (mit Seitenwagen 324 kg)
Höchstgeschwindigkeit	175 km/h

[1] Hinterradantrieb

R 50/5

1969–1973

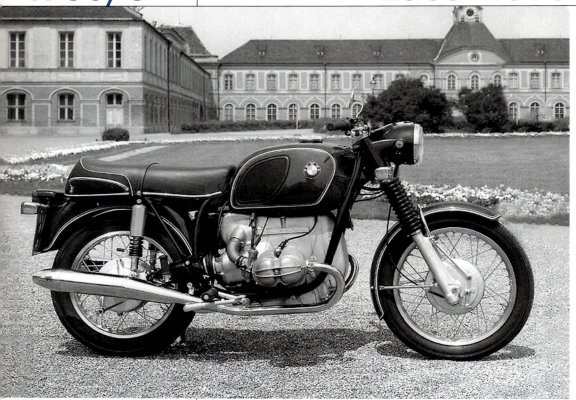

Die R 50/5 wurde vorzugsweise als Behördenfahrzeug eingesetzt.

AUF EINEN BLICK	
Motor	Viertakt, Zweizylinder-Boxer, luftgekühlt
Bohrung x Hub	67 x 70,6 mm
Hubraum	498 cm³
Leistung	32 PS (23,6 kW) bei 6.400 U/min
Drehmoment	39 Nm bei 5.000 U/min
Gemischbildung	2 Schiebervergaser Bing 1/26/113-1/26/114
Antrieb	Viergang, Kardan
Ventiltrieb	ohv
Reifen	3,50 S x 19, 4,00 S x 18
Sitzhöhe	850 mm
Tankinhalt	24 l (optional 18 l ab 1972)
Leergewicht (vollgetankt)	185 kg
Höchstgeschwindigkeit	157 km/h

Ende der 60er-, Anfang der 70er-Jahre kündigt sich auf dem gebeutelten Motorradmarkt eine Wende an. Zum Glück hatte man bei BMW auch Mitte der 60er-Jahre nie den Glauben an das Motorrad verloren und kräftig weiterentwickelt. Nun zum richtigen Zeitpunkt konnte man mit den /5-Modellen gleich eine ganz neue Modellpalette präsentieren. Die Fahrwerke und Motoren der drei präsentierten Modelle R 50/5, R 60/5 und R 75/5 waren komplett neu entwickelt und hochmodern. Ein leichter Doppelschleifen-Rohrrahmen, der nun nicht mehr zum Beiwagenbetrieb geeignet war, mit Teleskopgabel vorne, einer Hinterradschwinge und angeschraubtem Heck löste die

Vollschwingenkonstruktionen ab. Kurbelwelle und Pleuel waren nun gleitgelagert. Als revolutionär galt der ab Werk erhältliche E-Starter. Bei den großen Schwestern R 60/5 und R 75/5 serienmäßig, war er bei der R 50/5 optional und nur auf Wunsch erhältlich. Auffällig war die neue Fahrzeuglinie der /5-Modelle, die, unterstützt durch die leicht hochgezogenen Auspuffanlagen, viel dynamischer als ihre Vorgängermodelle wirkten. Die kleine R 50/5 fand, konstruiert als Behörden-BMW, bei der breiten Masse wie erwartet relativ wenig Zuspruch und konnte dementsprechend nur 7865-mal verkauft werden, zumal die Preisdifferenz mit 3696 DM zu den größeren Modellen sehr gering war. ∎

Die R 60/5 war ein erfolgreiches Mittelklasse-Modell.

Die zusammen mit der R 50/5 und R 75/5 präsentierte R 60/5 kam schon deutlich besser an, als die kleine 50/5. Auch sie besaß selbstverständlich die neue Fahrwerkstechnik und einen komplett neu entwickelten Motor. Im Vergleich zur kleinen Schwester ging der 40 PS-Boxer mit seinen 49 Newtonmeter Drehmoment (R 50/5: 39 Nm) deutlich besser und war so angenehmer zu fahren. Der neue Doppelschleifen-Rohrrahmen mit Teleskopgabel vorne und Hinterradschwinge löste auch hier das Vollschwingenfahrwerk ab. Kurbelwelle und Pleuel waren nun gleitgelagert. Im Gegensatz zur R 50/5 war bei der R 60/5 der elektrische Anlasser, im oberen Teil des Motorgehäuse unterge-bracht, serienmäßig an Bord. Im Verhältnis zu früheren Modellen wirkte der neue Motorblock nun sehr massig. Dennoch schloss er oben sehr formschön zur Unterkante des neuen 24-Liter-Tanks ab. Durch den neu gewonnenen Platz konnte die Nockenwelle unterhalb der Kurbelwelle platziert werden. Auch das Getriebe und die Antriebseinheit waren für die neue Modellreihe komplett überarbeitet worden. Die neue Designsprache von BMW mit dem 24-Liter-Tank und der hochgezogenen Auspuffanlage fand auch bei der 600er Anwendung. Absatztechnisch war die R 60/5 mit 22 721 verkauften Exemplaren zum Preis von 3 996 DM wesentlich erfolgreicher als die R 50/5. ∎

AUF EINEN BLICK	
Motor	Viertakt, Zweizylinder-Boxer, luftgekühlt
Bohrung x Hub	73,5 x 70,6 mm
Hubraum	599 cm³
Leistung	40 PS (29,5 kW) bei 6.400 U/min
Drehmoment	49 Nm bei 5.000 U/min
Gemischbildung	2 Schiebervergaser Bing 1/26/111-112
Antrieb	Viergang, Kardan
Ventiltrieb	ohv
Reifen	3,25 S x 19, 4,00 S x 18
Sitzhöhe	850 mm
Tankinhalt	24 l (optional 18 l ab 1972)
Leergewicht (vollgetankt)	190 kg
Höchstgeschwindigkeit	167 km/h

R 75/5　　　1969–1973

Gesuchtes Sammlerobjekt der Neuzeit: die legendäre R 75/5

AUF EINEN BLICK

Motor	Viertakt, Zweizylinder-Boxer, luftgekühlt
Bohrung x Hub	82 x 70,6 mm
Hubraum	745 cm³
Leistung	50 PS (36,8 kW) bei 6.200 U/min
Drehmoment	60 Nm bei 5.000 U/min
Gemischbildung	2 Gleichdruckvergaser Bing 64/32/4-3 oder 64/32/9-10
Antrieb	Viergang, Kardan
Ventiltrieb	ohv
Reifen	3,25 S x 19, 4,00 S x 18
Sitzhöhe	850 mm
Tankinhalt	24 l (optional 18 l ab 1972)
Leergewicht (vollgetankt)	190 kg
Höchstgeschwindigkeit	175 km/h

Die heute legendäre BMW R 75/5 war zur damaligen Zeit das Topmodell der neuen /5-Modellserie. Die Technik war revolutionär neu und bildete einen Quantensprung im Vergleich zu den bisherigen Boxer-BMW. Die Vollschwingenfahrwerke wurden durch leichte und moderne Doppelschleifen-Rohrrahmen mit angeschraubten Heck, Hinterradschwinge und Teleskopgabel vorn ersetzt. Selbstverständlich war beim neuen Topmodell der Elektrostarter serienmäßig. Der neue 750er-Boxer bot die gleiche Technik wie die Schwestermodelle, brachte aber satte 50 PS und 60 Newtonmeter Drehmoment auf die Straße. Damit, und mit einer Höchstgeschwindigkeit von 175 Stundenkilometer gehörte sie zu den stärksten und schnellsten Seri-

enmaschinen der Welt. Neben der gleitgelagerten Kurbelwelle und Pleuel kamen bei der R 75/5 erstmalig neue 32-Millimeter-Bing-Gleichdruckvergaser zur Gemischaufbereitung zum Einsatz. Auch die R 75/5 bekam 1972, wie die kleinen Modelle, auf den optionalen 18-Liter-Tank Chromblenden und verchromte Seitendeckel. Gleichzeitig prangte ab diesem Zeitpunkt die Typenbezeichnung auf der Sitzbank hinten. Auffällig war auch, dass man mit der /5-Reihe nun nicht zwingend eine schwarze BMW erwarb, sondern Farben, wie zum Beispiel Silber, Blau und Rot zur Verfügung standen. Die R 75/5 wurde mit 38 370 Einheiten zum Preis von 4 996 DM ein Riesenerfolg und ist heute ein von Liebhabern gesuchter Klassiker.

1973–1976   R 60/6

Im Jahr 1973 brachte BMW-Motorrad die /6-Baureihe heraus. Im Zuge dieser Modellüberarbeitungen erhielt die R 50/5 keine Nachfolgerin mehr und die neue R 60/6 musste diese Lücke als beliebtes Behördenfahrzeug schließen. So kam es, dass die R 60/6 als einziges Modell der neuen Serie noch mit einer Trommelbremse vorne ausgerüstet war und die alten Bing-Schiebervergaser besaß. Ansonsten kamen ihr aber auch die Neuerungen, die die /6-Serie ausmachten, zugute. Sie erhielt, wie die große R 75/6, ebenfalls das neue Fünfgang-Getriebe und überarbeitete Cockpit-Instrumente. Als Sonderwunsch konnte man optional anstelle des 18-Liter-Tanks das große 24-Liter-Fass ordern. Dies wurde auch gern und oft in Anspruch genommen.

Trotz allem galt die R 60/6 schon bei ihrer Markteinführung durch die kleinen Defizite in der Ausstattung nicht als besonders moderne Maschine. Dennoch konnte BMW immerhin 13 511 Exemplare für 5 992 DM unter das Volk bringen. Generell sei erwähnt, dass BMW aber von der Robustheit der Technik der /6-Modellreihe derart überzeugt war, dass im August 1975 für alle Motorräder die Gewährleistungsbedingungen geändert wurden. Es wurde eine einjährige Garantie ohne Kilometerbegrenzung eingeführt. ■

Die R 60/6 wurde von Behörden bevorzugt eingesetzt.

AUF EINEN BLICK	
Motor	Viertakt, Zweizylinder-Boxer, luftgekühlt
Bohrung x Hub	73,5 x 70,6 mm
Hubraum	599 cm³
Leistung	40 PS (29,5 kW) bei 6.400 U/min
Drehmoment	49 Nm bei 5.000 U/min
Gemischbildung	2 Schiebervergaser Bing 1/26/111-112 oder 1/26/123-124
Antrieb	5-Gang, Kardan
Ventiltrieb	ohv
Reifen	3,25 S x 19, 4,00 S x 18
Sitzhöhe	810 mm
Tankinhalt	18 l (optional 24 l)
Leergewicht (vollgetankt)	210 kg
Höchstgeschwindigkeit	167 km/h

R 75/6

*Die R 75/6 war modern und
verkaufte sich gut.*

AUF EINEN BLICK	
Motor	Viertakt, Zweizylinder-Boxer, luftgekühlt
Bohrung x Hub	82 x 70,6 mm
Hubraum	745 cm³
Leistung	50 PS (36,8 kW) bei 6.200 U/min
Drehmoment	60 Nm bei 5.000 U/min
Gemischbildung	2 Gleichdruckvergaser Bing 64/32/9-10 oder 64/32/13-14
Antrieb	5-Gang, Kardan
Ventiltrieb	ohv
Reifen	3,25 S x 19, 4,00 S x 18
Sitzhöhe	810 mm
Tankinhalt	18 l (optional 24 l)
Leergewicht (vollgetankt)	210 kg
Höchstgeschwindigkeit	177 km/h

Zeitgleich mit der R 60/6 wurde, im Zuge der neuen /6-Baureihe, 1973 die BMW R 75/6 als Nachfolgerin der legendären R 75/5 präsentiert. Das Modell erhielt im Gegensatz zur kleinen 600-Kubikzentimeter-Maschine, die auch als Behördenfahrzeug fungieren musste, sämtliche Neuerungen der damaligen Zeit und galt so als modernes und fortschrittliches Motorrad. Sie besaß das neu entwickelte Fünfgang-Getriebe und eine Scheibenbremse vorn. Auch bei ihr kamen die neuen Instrumente im Cockpit zum Einsatz. Optional und gegen Aufpreis konnte man anstelle des 18-Liter- auch den großen 24-Liter-Tank ordern, der sich in den nächsten Jahren als markantes Bauteil bei vielen BMW durchsetzen sollte. Die 750-Kubikzentimeter-Maschine war, im Gegensatz zur R 60/6, auch mit den Gleichdruck-Vergasern ausgestattet. Die schon bei der R 75/5 modifizierte, verlängerte Schwinge als wirksames Mittel zur Fahrwerksstabilisierung kam ebenfalls bei der 750-Kubikzentimeter-/6-Serie zum Einsatz. Gut zu erkennen an einer Schweißnaht an diesem Bauteil. Beim zahlenden Publikum erfreute sich die R 75/6 größerer Beliebtheit als die R 60/6, und so konnte BMW erwartungsgemäß mit 17587 Stück zum Preis von 7110 DM auch deutlich mehr absetzen. ■

Die R 90/6 wurde 1973 zusammen mit der R 90 S präsentiert. Die R 90/6, die eigentlich als Mitglied der /5-Familie geplant war, feierte nun zusammen mit der sportlichen R 90 S etwas verspätet ihren Einstand. Obwohl von diesem Motorrad wenig Faszination ausging, ist ihr Absatzerfolg nicht weg zu diskutieren. Wenn man als Käufer Wert auf großen Hubraum legte, dann war sie der wirtschaftliche Vernunftkauf zu jener Zeit. Für 7 620 DM (R 90 S: 9 130 DM) viel günstiger als die sportliche S-Version, verkaufte sie sich mit 21 097 Einheiten (R 90 S: 17 465 Einheiten) auch deutlich besser. Zumal sie ebenso über das neue Fünfgang-Getriebe und die neuen Doppelinstrumente mit Tachometer und Drehzahlmesser verfügte. Zur Verbesserung der Fahrsicherheit trug der neue H4-Scheinwerfer bei, dessen Lichtausbeute sehr gut war. BMW verbaute im Motorradbereich diese Lichttechnik erstmalig. Ein weiteres Sicherheitsfeature gegen Aufpreis stellte die Doppelscheibenbremse der R 90 S vorne dar. Um die Reichweite zu erhöhen, gab es als Sonderausstattung auch hier den 24-Liter-Tank. Trotz diesem solidem Angebot erreichte die R 90/6 allerdings nie den Kultstatus der R 90 S und spielt somit heute auf dem Liebhaber-Markt für alte Boxer faktisch keine bedeutende Rolle. ■

Der Vernunft-Boxer stand im Schatten der bekannten R 90 S.

AUF EINEN BLICK	
Motor	Viertakt, Zweizylinder-Boxer, luftgekühlt
Bohrung x Hub	90 x 70,6 mm
Hubraum	898 cm^3
Leistung	60 PS (44,1 kW) bei 6.500 U/min
Drehmoment	73 Nm bei 5.500 U/min
Gemischbildung	2 Gleichdruckvergaser Bing 64/32/11-12
Antrieb	5-Gang, Kardan
Ventiltrieb	ohv
Reifen	3,25 H x 19, 4,00 H x 18
Sitzhöhe	810 mm
Tankinhalt	18 l (optional 24 Liter-Tank)
Leergewicht (vollgetankt)	210 kg
Höchstgeschwindigkeit	188 km/h

R 90 S　　　1973–1976

Die legendäre R 90 S erzielt heute in „Daytona-Orange"-Lackierung Rekordpreise.

AUF EINEN BLICK	
Motor	Viertakt, Zweizylinder-Boxer, luftgekühlt
Bohrung x Hub	90 x 70,6 mm
Hubraum	898 cm³
Leistung	67 PS (49,3 kW) bei 7.000 U/min
Drehmoment	76 Nm bei 5.500 U/min
Gemischbildung	2 Schiebervergaser Dellorto PHM 38 AS-AD oder 38 BS-BD
Antrieb	5-Gang, Kardan
Ventiltrieb	ohv
Reifen	3,25 H x 19, 4,00 H x 18
Sitzhöhe	810 mm
Tankinhalt	24 l
Leergewicht (vollgetankt)	215 kg
Höchstgeschwindigkeit	200 km/h

Im Jahr 1973, in dem zum 50-jährigen Jubiläum von BMW-Motorrad die 500 000ste Maschine in Spandau vom Band rollte, wurden die neue R 90 S und die R 90/6 präsentiert. Neben dem großen 24-Liter-Tank konnte sie eine gelochte Doppelscheibenbremse vorne (R 90/6 eine Scheibe) bieten. Die charakteristische Lochung sollte zur Verbesserung der Bremsleistung bei Nässe beitragen. Ebenfalls neu waren die Doppelinstrumente mit Tachometer und Drehzahlmesser sowie ein Fünfgang-Getriebe für beide Modelle. Exklusiv für die R 90 S gab es als erste Großserien-Maschine eine ab Werk montierte Cockpitverkleidung und ein Heckbürzel als Sitzbankabschluß inklusive

Typenbezeichnung. Die vom Designer Hans A. Muth entworfenen Bauteile gaben der BMW ein sehr eigenständiges Erscheinungsbild. Der neue 900-Kubikzentimeter-Hochleistungsboxer entwickelte satte 67 PS und realisierte eine Spitze von 200 km/h. Somit gehörte die R 90 S zu den schnellsten Serienmaschinen der Welt. Die 1975 angebotene orangefarbene Lackierung gilt heute unter Sammlern als besonders gesucht. Zwar mit 17 465 Stück zum Preis von 9 130 DM nicht ganz so erfolgreich verkauft wie die vernünftige /6, genießt die R 90 S heute einen Kultstatus, der seinesgleichen sucht. In tadellosem Zustand erzielt eine R 90 S heutzutage Höchstpreise bei Liebhabern. ■

1976–1977   R 75/7

Neben der R 60/7, kam im Jahr 1976 auch die traditionelle 750er in Form der R 75/7 mit zahlreichen Modifikationen und Detailverbesserungen auf den Markt. Am markantesten waren die nun eckigen Ventildeckel. Daneben war der BMW typische 24-Liter-Tank serienmäßig verbaut. Hinzu kamen bessere Bremssättel und die neu gestaltete Cockpitlandschaft. Die Bing-Gleichdruckvergaser wurden von der Vorgängerin übernommen. Die R 75/7 war von Grund auf ein solides und gutes Motorrad, dennoch fand sie beim Publikum nicht richtig Anklang. Da Ende der 70er-Jahre allgemein der Drang nach den so genannten Big-Bikes (großvolumige Maschinen) herrschte, wurde

es der 750er zum Verhängnis, dass sie so dicht an den neuen 1000er-Boxern positioniert war. Eine parallel präsentierte R 100/7 bot gegen einen relativ geringen Aufpreis einfach mehr Leistung und Geschwindigkeit. Und so wurde die R 75/7 auch nur zwei Jahre lang angeboten. Aufgrund dieser kurzen Bauzeit darf die R 75/7 heute als seltenes Sammlerstück gelten, was sich aber nicht zwingend in hohen Preisen am Markt widerspiegelt. Damals verkaufte BMW zum Preis von 7985 DM bis 1977 immerhin 6264 Stück. ∎

Die R 75/7 stand etwas im Schatten der R 100/7.

AUF EINEN BLICK	
Motor	Viertakt, Zweizylinder-Boxer, luftgekühlt
Bohrung x Hub	82 x 70,6 mm
Hubraum	745 cm³
Leistung	50 PS (36,8 kW) bei 6.200 U/min
Drehmoment	58,8 Nm bei 5.000 U/min
Gemischbildung	2 Gleichdruckvergaser Bing 64/32/13-64/32/14
Antrieb	5-Gang, Kardan
Ventiltrieb	ohv
Reifen	3,25 S x 19, 4,00 S x 18
Sitzhöhe	810 mm
Tankinhalt	24 l
Leergewicht (vollgetankt)	215 kg
Höchstgeschwindigkeit	177 km/h

R 60/7: unauffällig erfolgreich

AUF EINEN BLICK	
Motor	Viertakt, Zweizylinder-Boxer, luftgekühlt
Bohrung x Hub	73,5 x 70,6 mm
Hubraum	599 cm³
Leistung	40 PS (29,5 kW) bei 6.400 U/min
Drehmoment	48 Nm bei 5.000 U/min
Gemischbildung	2 Schiebervergaser Bing 1/26/123–1/26/124
Antrieb	5-Gang, Kardan
Ventiltrieb	ohv
Reifen	3,25 S x 19, 4,00 S x 18
Sitzhöhe	810 mm
Tankinhalt	24 l
Leergewicht (vollgetankt)	210 kg
Höchstgeschwindigkeit	167 km/h

Nach drei Jahren Bauzeit wurde die /6-Baureihe durch die /7-Modelle im Jahre 1976 abgelöst. Neben, wie bei BMW üblich, zahlreichen Detailverbesserungen und Modifikationen, sind diese Modelle sehr gut an den neuen und kantigen Ventildeckeln zu erkennen. Damit bestand eine optische Verwandtschaft zu den ebenfalls 1976 neu eingeführten 1000-Kubikzentimeter-Boxer-Modellen. Der große 24-Liter-Tank kam hier serienmäßig zum Einsatz; erstmalig mit eingelassenem Tankdeckel. Wie die /6-Baureihe waren auch die /7-Modelle noch mit den Schieber-Vergasern ausgerüstet. Die R 60/7 wurde wie ihre große Schwester R 75/7 ebenfalls nur zwei Jahre lang gebaut. Bis 1978 produzierten und verkauften die Bayern von diesem Modell mit 11163 Einheiten zum Preis von 6850 DM zirka doppelt so viele Fahrzeuge wie von der R 75/7. Zu verdanken war dies aber dem breiten Einsatz bei Behörden und öffentlichen Einrichtungen. Die 210 Kilo schwere Maschine war mit ihren 40 PS Leistung völlig untermotorisiert und trug den Ruf eines spaßbefreiten Fortbewegungsmittels.

Nach nur drei Jahren Marktpräsenz wurden die Modelle
R 90/6 und die legendäre R 90 S
von den neuen 1000-Kubik-Ma-
schinen R 100/7, R 100 S und der
vollverkleideten R 100 RS auf der
IFMA (Internationale Fahrrad und
Motorrad-Ausstellung) 1976 abgelöst. BMW folgte damit einem
weltweiten Trend, der nach immer
stärkeren und schnelleren Motorrädern verlangte. Die als Tourenmaschine ausgelegte R 100/7
stand schon im Jahr der Präsentation in Bezug auf das allgemeine
Interesse eindeutig im Schatten
der sportlichen Modelle. Ihr fehlte
der dynamische Auftritt und das
Prestige der flotten R 100 S.

Ohne Cockpitverkleidung und
Heckbürzel wirkte die Maschine
vergleichsweise bieder, auch wenn
sich das in den Absatzzahlen nicht
niederschlug. Immerhin war die
BMW R 100/7 um ganze 1600
Mark günstiger als die S-Version.
Bei den Fahrleistungen war die
R 100/7 der S und RS allerdings
deutlich unterlegen. Diese boten
fünf, beziehungsweise zehn Pfer-
destärken mehr Leistung und
waren mit einer Höchstgeschwindigkeit von 200 Stundenkilometern deutlich schneller. Nichts-
destotrotz verkaufte sich die
R 100/7 mit 12 056 Einheiten in
zwei Jahren zum Preis von
8 590 Mark recht gut. ∎

Beliebtes Basis-Modell – die
R 100/7

AUF EINEN BLICK	
Motor	Viertakt, Zweizylinder-Boxer, luftgekühlt
Bohrung x Hub	94 x 70,6 mm
Hubraum	980 cm³
Leistung	60 PS (44,1 kW) bei 6.500 U/min
Drehmoment	73,5 Nm bei 4.000 U/min
Gemischbildung	2 Gleichdruckvergaser Bing 64/32/19-64/32/20
Antrieb	5-Gang, Kardan
Ventiltrieb	ohv
Reifen	3,25 H x 19, 4,00 H x 18
Sitzhöhe	820 mm
Tankinhalt	24 l
Leergewicht (vollgetankt)	215 kg
Höchstgeschwindigkeit	188 km/h

R 100 S

Die R 100 S konnte an den Erfolg der R 90 S nicht anknüpfen.

AUF EINEN BLICK	
Motor	Viertakt, Zweizylinder-Boxer, luftgekühlt
Bohrung x Hub	94 x 70,6 mm
Hubraum	980 cm³
Leistung	65/70 PS (48/51 kW) bei 6.600/7.250 U/min
Drehmoment	75/77 Nm bei 5.500/5.500 U/min
Gemischbildung	2 Gleichdruckvergaser Bing 94/40/103–104 oder 105–106
Antrieb	5-Gang, Kardan
Ventiltrieb	ohv
Reifen	3,25 H x 19, 4,00 H x 18
Sitzhöhe	820 mm
Tankinhalt	24 l
Leergewicht (vollgetankt)	220 kg
Höchstgeschwindigkeit	200 km/h

Das Erbe der legendären R 90 S lastete von Anfang an schwer auf den Schultern der R 100 S, die auf der IFMA 1976 als Nachfolgerin präsentiert wurde. Zu schwer, um genau zu sein, denn den Kultstatus, den die R 90 S, besonders in der orangefarbenen Lackierung bis heute genießt, hat die 1000er nie erreichen können. Die auffälligste Änderung zu ihrer Vorgängerin waren die nun eckigen Ventildeckel, die schon mit der R 80/7 eingeführt worden waren. Diese sollten die Baubreite etwas reduzieren und vor allem mehr Schräglagenfreiheit in Kurven ermöglichen. Obwohl mit 94 Millimeter Bohrung nun mit 980 Kubikzentimeter ausgestattet, ging nominal die Leistung im Vergleich zur R 90 S sogar um zwei PS zurück.

Auch die Höchstgeschwindigkeit von 200 km/h konnte nicht gesteigert werden. Selbst die ab 1978 angebotene 70-PS-Version konnte die Situation nicht mehr retten. Die R 100 S erreichte mit 9 657 verkauften Exemplaren für 10 190 DM nur etwa die Hälfte des Absatzvolumens der R 90 S. ∎

100

1976–1984 R 100 RS

Die dritte Maschine, die auf der IFMA 1976 der Öffentlichkeit vorgestellt wurde, war die R 100 RS. Sie läutete eine völlig neue Ära im Motorradbau ein und wurde bis Mitte der 80er-Jahre gebaut. Das Unglaubliche dabei war, dass die Maschine zwei Jahre nach ihrer Einstellung, 1986 quasi wiederbelebt wurde und neu erschien. Die R 100 RS (= RennSport) konnte zwar die Erwartungen, die der Name weckte, nicht erfüllen, doch war sie als erstes Serienmotorrad mit einer Vollverkleidung ausgestattet. Schon bald wussten viele Motorradfahrer den ausgezeichneten Wind- und Wetterschutz zu schätzen. Die im Windkanal von Pininfarina (italienische Design-Schmiede) ausgetüftelte Verkleidung sah sehr gut aus und

funktionierte hervorragend. Im Laufe ihrer langen Bauzeit erhielt die R 100 RS viele Modifikationen. Bereits nach zwei Jahren wurde die Trommelbremse hinten durch eine Scheibenbremse von Brembo ersetzt. Im Jahr 1981 folgten dann mit den Gussfelgen (anstatt der Speichenräder), beschichteten Leichtmetall-Zylindern, einem Plattenluftfilter und einer vergrößerten Ölwanne umfangreiche Veränderungen. Wie bei BMW Tradition, flossen auch bei der RS stetig zahlreiche Verbesserungen im Detail laufend in die Serie ein. Satte 11 210 DM kostet die R 100 RS in der ersten Phase ihrer langen Karriere und erreichte bis 1984 eine beeindruckende Stückzahl von 33 648. ■

AUF EINEN BLICK	
Motor	Viertakt, Zweizylinder-Boxer, luftgekühlt
Bohrung x Hub	94 x 70,6 mm
Hubraum	980 cm^3
Leistung	70 PS (51 kW) bei 7.250 U/min
Drehmoment	76 Nm bei 5.500 U/min
Gemischbildung	2 Gleichdruckvergaser Bing 94/40/105-106
Antrieb	5-Gang, Kardan
Ventiltrieb	ohv
Reifen	3,25 H x 19, 4,00 H x 18
Sitzhöhe	820 mm
Tankinhalt	24 l
Leergewicht (vollgetankt)	230 kg
Höchstgeschwindigkeit	200 km/h

R 80/7

1977–1984

Die R 80/7 stellte die neue Mittelklasse-Maschine bei BMW dar.

AUF EINEN BLICK	
Motor	Viertakt, Zweizylinder-Boxer, luftgekühlt
Bohrung x Hub	84,8 x 70,6 mm
Hubraum	797,5 cm³
Leistung	55/50 PS (40/37 kW) bei 7.000/7.250 U/min
Drehmoment	64/58 Nm bei 5.500/5.500 U/min
Gemischbildung	2 Gleichdruckvergaser Bing 64/32/201-64/32/202
Antrieb	5-Gang, Kardan
Ventiltrieb	ohv
Reifen	3,25 H x 19, 4,00 H x 18
Sitzhöhe	810 mm
Tankinhalt	24 l
Leergewicht (vollgetankt)	215 kg
Höchstgeschwindigkeit	170/180 km/h

BMW präsentierte 1977 die R 80/7 als neue Mittelklasse-Maschine. Sie war eine aufgebohrte R 75/7 und wurde in zwei Leistungsvarianten angeboten. Bei einer Verdichtung von 8,0:1 wurden 50 PS bei 7250 Umdrehungen und eine Höchstgeschwindigkeit von 170 Stundenkilometern realisiert. Und bei einer Verdichtung von 9,2:1 gab es 55 PS bei 7000 Umdrehungen und eine Spitze von 180 Stundenkilometern. In Anlehnung an die bereits ein Jahr zuvor präsentierte R 100/7 fanden sich deren Ausstattungsmerkmale auch an der R 80/7 wieder. Waren die neuen Instrumente, die eckigen Ventildeckel und der charakteristische 24-Liter-Tank bereits bei der

R 75/7 aufgetaucht, so übernahm die R 80/7 im Laufe ihrer Bauzeit das sportliche S-Heck der R 100/7 und Anfang der 80er-Jahre auch die moderne Brembo Festsattel-Scheibenbremse. Zwar stand auch die R 80/7 etwas im Schatten der großen 1000er-Boxer, da sie aber nach der Produktionseinstellung der R 60/7 ab 1980 auch als deren Nachfolgerin im Bereich der Behördenfahrzeuge galt, behauptete sie sich doch mit 18 522 Einheiten zum Preis von 7990 DM bis 1984 ziemlich erfolgreich. ■

1978–1984   R 100 RT

Zwei Jahre nach der Markteinführung der neuen 1000-Kubikzentimeter-Boxer-Modelle R 100/7, R 100 S und R 100 RS kommt der Inbegriff einer Tourenmaschine in Form der R 100 RT auf den Markt. Auf der IFMA 1978 präsentiert, überzeugte die RT mit ihren positiven Eigenschaften in Bezug auf Wind- und Wetterschutz die Motorradreisenden und Langstreckenfahrer von der ersten Stunde an. Bis heute steht das Kürzel RT für den perfekten Tourer aus dem BMW-Programm und wird stetig weiterentwickelt. Die RT war ursprünglich für den US-Markt konstruiert worden, um dort mit den Harleys auf den langen Highways zu konkurrieren. Nachdem die RT aber auch in Deutschland sehr gut ankam, verschwand die anfänglich auf den amerikanischen Geschmack abgestimmte Zweifarbenlackierung schnell wieder.

Mit Koffern ab Werk ausgestattet, bekam der Käufer ein Motorrad, mit dem man problemlos lange Tagesetappen selbst mit zwei Personen an Bord entspannt zurücklegen konnte. Von der wuchtigen Optik durfte und darf man sich bis heute nicht täuschen lassen, die RTs dieser Welt sind trotzdem sehr handlich und agil zu bewegen. Die R 100 RT markierte zu jener Zeit die Sortimentsspitze von BMW und wurde trotz des recht hohen Preises von 11909 DM bis 1984 18015-mal verkauft. Wie schon die R 100 RS erlebte auch die RT einen zweiten Frühling und kehrte ebenfalls Ende der 80er-Jahre wieder auf den Markt zurück. ■

AUF EINEN BLICK	
Motor	Viertakt, Zweizylinder-Boxer, luftgekühlt
Bohrung x Hub	94 x 70,6 mm
Hubraum	980 cm³
Leistung	70 PS (51 kW) bei 7.250 U/min
Drehmoment	77 Nm bei 5.500 U/min
Gemischbildung	2 Gleichdruckvergaser Bing 94/40/105-106
Antrieb	5-Gang, Kardan
Ventiltrieb	ohv
Reifen	3,25 H x 19, 4,00 H x 18
Sitzhöhe	820 mm
Tankinhalt	24 l
Leergewicht (vollgetankt)	234 kg
Höchstgeschwindigkeit	190 km/h

Erfolgreicher Basis-Boxer:
R 100 T und R 100

AUF EINEN BLICK	
Motor	Viertakt, Zweizylinder-Boxer, luftgekühlt
Bohrung x Hub	94 x 70,6 mm
Hubraum	980 cm³
Leistung	65/67 PS bei 6.600/7.000 U/min
Drehmoment	77/72 Nm bei 5.500/5.500 U/min
Gemischbildung	2 Gleichdruckvergaser Bing 94/40/103-94/40/104
Antrieb	5-Gang, Kardan
Ventiltrieb	ohv
Reifen	3,25 H x 19, 4,00 H x 18
Sitzhöhe	820 mm
Tankinhalt	24 l
Leergewicht (vollgetankt)	215/218 kg
Höchstgeschwindigkeit	195 km/h

Nachdem die R 100/7 im Jahr 1978 eingestellt worden war, übernahm die R 100 T die Rolle des 1000-Kubikzentimeter-Basisboxers. Ausstattungsseitig orientierte sich BMW an dem Bedarf der unterschiedlichen Märkte und bot für dieses Modell Windschutzschild und Koffer an. Somit ließ sich die Maschine mit einfachen Modifikationen zu einer vollwertigen Tourenmaschine aufrüsten. Der Motor wies fünf PS mehr Leistung auf und somit rückte die T (= Touring) etwas näher an die RS und RT mit ihren 70 PS heran. Nach zwei Jahren Bauzeit spendiert man dem nackten Tourer noch etwas mehr Leistung und die jetzt schlicht R 100 genannte Ma-schine besaß 67 PS. Diese Modifikationen zog auch eine Preissteigerung von 9 290 DM auf 9 590 DM nach sich. Die beiden Modelle waren ähnlich erfolgreich. Erzielte die R 100 T in ihrer zweijährigen Bauzeit 5 463 Einheiten, so bringt es die R 100 in vier Jahren mit 10 111 Stück auf zirka doppelt soviel Einheiten. ∎

Auf der IFMA in Köln präsentierte BMW 1978 die neuen kleinen Boxer R 45 und R 65. Die Fahrzeuge waren Neukonstruktionen. Sie besaßen leichtere Rahmen und waren kurzhubig ausgelegt. Die R 45 wurde in zwei Leistungsvarianten angeboten. Die 27-PS-Version war speziell für die damalige Versicherungsklasse in Deutschland entwickelt worden. Sie bot schon den Motorradeinsteigern eine vollwertige BMW mit der entsprechend hohen Verarbeitungsqualität und Ausstattung ähnlich den großen Boxer-Modellen. Dennoch war sie in ihrer Klasse die schwerste Maschine. Die Fahrleistungen der direkten Konkurrenz, zum Beispiel in Form

einer Honda CX 500, erreichte sie nicht und war auch teurer in der Anschaffung. So kam es, dass sie trotz ihrer positiven Eigenschaften im Hinblick auf Langstreckentauglichkeit und Wartungsfreundlichkeit dennoch nicht die Absatzerwartungen von BMW erfüllen konnte.

Die zweite Export-Variante mit 35 PS kam im Ausland besser an und erfreute sich dort großer Beliebtheit. Insgesamt wurden beide Leistungsmodelle zum Preis von 5 880 DM 28 158 mal verkauft, womit die R 45 trotzdem als Erfolg gewertet werden kann, zumal es bis heute eine eingeschworene Fangemeinde für die kleinen Boxer-Modelle gibt. ∎

AUF EINEN BLICK	
Motor	Viertakt, Zweizylinder-Boxer, luftgekühlt
Bohrung x Hub	70 x 61,5 mm
Hubraum	473,4 cm³
Leistung	27/35 PS (20/26 kW) bei 6.500/7.250 U/min
Drehmoment	37,5/31,3 Nm bei 5.500/5.000 U/min
Gemischbildung	2 Gleichdruckvergaser Bing 64/28/303-304 oder 64/26/303-304
Antrieb	5-Gang, Kardan
Ventiltrieb	ohv
Reifen	3,25 S x 18, 4,00 S x 18
Sitzhöhe	810 mm
Tankinhalt	22 l
Leergewicht (vollgetankt)	205 kg
Höchstgeschwindigkeit	145/160 km/h

Kleiner Boxer mit damals ungünstigem Preis/Leistungs-verhältnis – heute ein gesuchtes Modell

AUF EINEN BLICK	
Motor	Viertakt, Zweizylinder-Boxer, luftgekühlt
Bohrung x Hub	82 x 61,5 mm
Hubraum	649 cm³
Leistung	45/50 PS (33/37 kW) bei 7.250/ 7.250 U/min
Drehmoment	50/52,3 Nm bei 5.500/6.500 U/min
Gemischbildung	2 Gleichdruckvergaser Bing 64/32/2030-2040 oder 64/32/307-308
Antrieb	5-Gang, Kardan
Ventiltrieb	ohv
Reifen	3,25 H x 18, 4,00 H x 18
Sitzhöhe	810 mm
Tankinhalt	22 l
Leergewicht (vollgetankt)	205 kg
Höchstgeschwindigkeit	175 km/h

Neben der R 45 wurde auch die R 65 auf der IFMA 1978 in Köln der Öffentlichkeit vorgestellt. Optisch sind die beiden Modelle nur durch die Typenbezeichnung voneinander zu unterscheiden. Die verbauten Komponenten waren identisch, allerdings besaß die R 65 deutlich mehr Leistung. In Deutschland stand sie damit aber etwas ungünstig am Markt. Die Einsteiger wurden mit der R 45 gut bedient und die Fahrer der unbegrenzten Führerscheinklasse orientierten sich gerne an den großen Boxern. Zudem war sie mit 6 980 DM auch nicht gerade günstig. Im benachbarten Ausland kam die R 65 dagegen besser an, da es dort die Einteilung in Führerscheinklassen wie in Deutschland nicht gab. In England war sie ein solides Mittel-

klasse-Motorrad mit ausreichend Leistung zum vertretbaren Preis. Die Beliebtheit nahm ab 1980 noch einmal zu, als BMW der R 65 eine Leistungssteigerung auf 50 PS bei gleicher Drehzahl spendierte. Somit wurde die Sportlichkeit des Fahrzeugs etwas stärker betont. Mit 29 454 Einheiten wurde sie insgesamt doch noch zu einem Markterfolg. Auch sie besitzt bis heute eine treue Fangemeinde und wird im gepflegten Zustand als Rarität gesucht. ∎

1980–1984 R 100 CS

Klassisch schön und zudem noch schnell: die R 100 CS

Die R 100 CS kam zwei Jahre nach dem Verschwinden der R 100 S mit dem starken 70-PS-Motor aus der RS und RT und einer sportlichen Cockpitverkleidung auf den Markt. Sie sprach mit ihrer klassischen Linie, der dezenten Lackierung und den Speichenrädern vor allem die Traditionalisten unter den BMW-Fahrern an. Allerdings konnten die präsentierten Drahtspeichenräder aufgrund qualitativer Probleme mit den Radnaben nicht in die Serienproduktion übernommen werden, und so erhielt die CS ebenfalls Gussräder. Das markante Merkmal der CS war mit Sicherheit die Tatsache, dass sie durch ihr etwas geringeres Gewicht bei gleicher Leistung zu ihrer Zeit das schnellste Motorrad im BMW-Programm war. Sie erreichte eine Höchstgeschwindigkeit von 200 Stundenkilometern. Aus heutiger Sicht hätte das Kürzel CS (ClassicSport) leicht abgewandelt sicherlich auch für „klassisch schön" stehen können. Die CS erreichte zwar nicht andeutungsweise die Beliebtheit einer RS, aber mit 4 038 Einheiten zum Preis von immerhin 11 260 DM war sie recht erfolgreich. ■

AUF EINEN BLICK	
Motor	Viertakt, Zweizylinder-Boxer, luftgekühlt
Bohrung x Hub	94 x 70,6 mm
Hubraum	980 cm^3
Leistung	70 PS (51 kW) bei 7.250 U/min
Drehmoment	76 Nm bei 6.000 U/min
Gemischbildung	2 Gleichdruckvergaser Bing V 94/40/111-V 94/40/112
Antrieb	5-Gang, Kardan
Ventiltrieb	ohv
Reifen	3,25 H x 19, 4,00 H x 18
Sitzhöhe	820 mm
Tankinhalt	24 l
Leergewicht (vollgetankt)	220 kg
Höchstgeschwindigkeit	200 km/h

R 80 G/S

Die Legende: BMW R 80 G/S

Kleines Bild: Das Hinterrad ist mit nur drei Schrauben fixiert.

AUF EINEN BLICK	
Motor	Viertakt, Zweizylinder-Boxer, luftgekühlt
Bohrung x Hub	84,8 x 70,6 mm
Hubraum	797,5 cm³
Leistung	50 PS (37 kW) bei 6.500 U/min
Drehmoment	56,7 Nm bei 5.000 U/min
Gemischbildung	2 Gleichdruckvergaser Bing V 64/32/305-64/32/306
Antrieb	5-Gang, Kardan
Ventiltrieb	ohv
Reifen	3,00 x 21, 4,00 x 18
Sitzhöhe	860 mm
Tankinhalt	19,5 l
Leergewicht (vollgetankt)	186 kg
Höchstgeschwindigkeit	168 km/h

Ende 1980 wurde im französischen Avignon die BMW R 80 G/S präsentiert. Mit ihrem Erscheinen wurde die Gattung „Reiseenduro" erfunden. Die Modellbezeichnung G/S stand für Gelände sowie Straße. Die G/S war mit ihrem 50-PS-Boxermotor und Kardanantrieb völlig konkurrenzlos am Markt. Viel bestaunt und heiß diskutiert wurde indes die neue Monolever-Schwinge hinten, die Einarmschwinge, die sich über ein Gasdruckfederbein abstützte und das Hinterrad mit nur drei Schrauben hielt. Anfängliche Skepsis bezüglich der Praxistauglichkeit konnte aber rasch zerstreut werden. Die Konstruktion war im Zuge der Entwicklungszeit von einem Jahr und neun Monaten sowie zahlreichen Geländesporteinsätzen ausreichend auf ihre Haltbarkeit getestet worden. Insgesamt kam mit der neuen G/S ein bereits sehr ausgereiftes Motorrad auf den Markt. BMW hatte sich aus dem hauseigenen Baukasten bedient und das leichte Fahrgestell der R 65 mit dem modifizierten Motor der R 80/7 bestückt. Die Gabel und die Bremsanlage entstammten der R 100. Da die G/S mit ihren hervorragenden Fahreigenschaften vor allem auf kleinen Landstraßen sehr gut zu fahren war, galt sie bald als „das beste Straßenmotorrad der Welt". Heute darf sie als Ur-Oma aller Reiseenduros gelten und hat längst Kultstatus erreicht. Da sind die statistischen Werte, wie 21 864 Einheiten zum Preis von 8 290 DM fast nebensächlich. Die R 80 G/S ist eine Motorradlegende. ■

E in Jahr nachdem die normale R 65 auf 50 PS leistungsgesteigert worden war, schob BMW im Jahr 1981 die sportliche LS nach. Auch sie hatte die vollen 50 PS und unterschied sich durch zahlreiche Merkmale deutlich von der Standard-R 65. Hierzu zählte die futuristische Cockpitverkleidung, die dynamischere Sitzbank-Heckbürzel-Kombination, die schwarz lackierte Tankunterseite und die ebenfalls in schwarz gehaltene Auspuffanlage. Als besonderes Feature gab es noch neue Leichtmetallräder.

Allerdings war sie mit 8 955 DM wesentlich teurer als die zivile Version und preislich schon dicht an den großen Boxern dran. Daher hielt sich der Absatz mit gerade mal 6 389 Stück auch einigermaßen in Grenzen. Heute führt das dazu, dass eine gepflegte R 65 LS im Originalzustand eher selten anzutreffen ist und entsprechende Liebhaberpreise gezahlt werden. ■

Die Exoten von gestern sind die Liebhaberstücke von morgen: Die R 65 LS ist so ein Fall.

AUF EINEN BLICK	
Motor	Viertakt, Zweizylinder-Boxer, luftgekühlt
Bohrung x Hub	82 x 61,5 mm
Hubraum	649,6 cm³
Leistung	50 PS (37 kW) bei 7.250 U/min
Drehmoment	52,3 Nm bei 6.500 U/min
Gemischbildung	2 Gleichdruckvergaser Bing 64/32/307-64/32/308
Antrieb	5-Gang, Kardan
Ventiltrieb	ohv
Reifen	3,25 H x 18, 4,00 H x 18
Sitzhöhe	810 mm
Tankinhalt	22 l
Leergewicht (vollgetankt)	207 kg
Höchstgeschwindigkeit	175 km/h

**Ungünstige Kombination:
R 100 RT mit 800 ccm-Motor**

AUF EINEN BLICK	
Motor	Viertakt, Zweizylinder-Boxer, luftgekühlt
Bohrung x Hub	84,8 x 70,6 mm
Hubraum	797,5 cm³
Leistung	50 PS (37 kW) bei 6.500 U/min
Drehmoment	59 Nm bei 3.500 U/min
Gemischbildung	2 Gleichdruckvergaser Bing V 64/32/305-64/32/306
Antrieb	5-Gang, Kardan
Ventiltrieb	ohv
Reifen	3,25 H 19, 4,00 H 18
Sitzhöhe	820 mm
Tankinhalt	24 l
Leergewicht (vollgetankt)	235 kg
Höchstgeschwindigkeit	161 km/h

Parallel zum Ende der Karriere der seit 1978 produzierten R 100 RT wurde ab 1982 die R 80 RT als preisgünstige Alternative angeboten. Zusammen mit der R 80 ST am Markt eingeführt, ereilte sie ein ähnliches Schicksal. Die Kombination der relativ schweren R 100-RT-Komponenten in Verbindung mit dem kleineren 50-PS-Boxer stellte sich als eine nicht so glückliche Zusammenstellung heraus. Die Maschine fuhr sich nicht besonders agil und die maximale Spitze von zirka 160 Stundenkilometern war für eine langstreckentaugliche Reisemaschine auch keine Präferenz.

Insgesamt stimmte einfach das Paket, gemessen am Einsatzzweck, nicht. Und so konnte BMW von dem etwas schwach motorisierten Tourer in zwei Jahren gerade mal 7 315 Stück zum Preis von 10 990 DM verkaufen. Im Gegensatz zum Inlandvertrieb erfreute sich dieser etwas behäbige Tourer im Ausland einer wesentlich höheren Nachfrage. ■

1982–1984   R 80 ST

Zwei Jahre nach der Präsentation der G/S kam die ST-Version auf den Markt. Dieses Modell orientierte sich an den Bedürfnissen der Käufer, denen zwar das Konzept der Enduro gefiel, die den Einsatzzweck dieser Maschine aber ausschließlich auf der Straße sahen. Mit kürzeren Federwegen und 19-Zoll-Vorderrad ausgestattet war die ST eine schnelle und agile Landstraßenfegerin. Optisch unterschied sie sich von der G/S vor allem durch die Front mit rundem Einzelscheinwerfer und separaten Cockpitinstrumenten, sowie dem niedrigen Kotflügel vorne und der im Vergleich zur G/S

modifizierten Auspuffabdeckung. Natürlich war die Bereifung auch komplett für den Straßenbetrieb ausgelegt. Obwohl sie grundsätzlich alle Eigenschaften für einen Erfolg am Markt mitbrachte, wurde sie vom zahlenden Publikum nie richtig angenommen. Nach nur zwei Jahren wurde sie nach 5963 verkauften Einheiten zum Preis von 9490 DM eingestellt. Aus heutiger Sicht könnte man sie als erste Serien-Super-Moto bezeichnen. ■

AUF EINEN BLICK	
Motor	Viertakt, Zweizylinder-Boxer, luftgekühlt
Bohrung x Hub	84,8 x 70,6 mm
Hubraum	797,5 cm³
Antrieb	50 PS (37 kW) bei 6.500 U/min
Drehmoment	56,7 Nm bei 5.000 U/min
Gemischbildung	2 Gleichdruckvergaser Bing V 64/32/305-64/32/306
Antrieb	5-Gang, Kardan
Ventiltrieb	ohv
Reifen	100/90 H 19, 120/90 H 18
Sitzhöhe	845 mm
Tankinhalt	19 l
Leergewicht (vollgetankt)	198 kg
Höchstgeschwindigkeit	174 km/h

111

K 100

Die UR-K als Vorreiter der BMW-Neuzeit: die K 100

Kleines Bild: Blick auf den neuen Reihen-Vierzylinder

AUF EINEN BLICK

Motor	Viertakt, Vierzylinder-Reihe, wassergekühlt
Bohrung x Hub	67 x 70 mm
Hubraum	987 cm^3
Leistung	90 PS (66 kW) bei 8.000 U/min
Drehmoment	86 Nm bei 6.000 U/min
Gemischbildung	elektronische Einspritzung, Bosch LE-Jetronic
Antrieb	5-Gang, Kardan
Ventiltrieb	dohc
Reifen	100/90 V 18, 130/90 V 17
Sitzhöhe	810 mm
Tankinhalt	22 l
Leergewicht (vollgetankt)	239 kg
Höchstgeschwindigkeit	215 km/h

Wurde 1923 mit der R 32 die erste Boxer-BMW präsentiert, so war es exakt 60 Jahre später die K 100, die die Ära der Neuzeit-BMW einleitete. Auf der Suche nach mehr Leistung und Geschwindigkeit setzte BMW nun einen längs zur Fahrtrichtung liegenden (diese Idee kam von Ingenieur Josef Fritzenwenger) wassergekühlten Reihen-Vierzylinder-Motor in die neue Modellreihe ein. Die Neukonstruktion besaß zwei Ventile pro Brennraum, die von insgesamt zwei Nockenwellen via Tassenstössel gesteuert wurden. Eine Steuerkette trieb die Nockenwellen an. Die Kurbelwelle lag wie bei den Boxern längs in Fahrtrichtung. Ihre versetzte Lage auf der rechten Seite machte aber den Einsatz einer Umlenkung über eine Sekundärwelle nötig. Diese stellte über schräg verzahnte Stirnräder die Verbindung mit der Einscheiben-Trockenkupplung her. Der Motorblock, das Getriebe und der Hinterradantrieb per Kardan bildeten eine feste Einheit, „BMW Compact Drive System" genannt. Durch einen simplen Rahmen wurde dieses System an nur vier Punkten von oben aufgenommen. Das neue Motorenkonzept war damals die technische Sensation. Fünf Jahre hatte BMW an dem neuen Modell entwickelt und heraus kam ein modernes Fahrzeug mit elektronischer Einspritzung. Auch wenn der Motor, unterstützt durch seine merkwürdige Geräuschkulisse, etwas vom Charme eines Automotors versprühte, besaß er doch von Anfang an echte Dauerläufer-Qualitäten, die die Tourenfahrer und Kilometerfresser unter den BMW-Fahrern schnell und bis heute zu schätzen wissen. Von der ersten K 100-Serie bis 1987, die von ihren Fans bis heute liebevoll als „fliegender Ziegelstein" bezeichnet wird, konnte BMW 12 871 Einheiten zum Preis von 12 490 DM absetzen. ■

1983–1989

Kurz nach der Markteinführung der nackten K 100 war auch die K 100 RS erhältlich. Sie repräsentierte den ersten echten Sport-touren aus dem Hause BMW im neuzeitlichen Sinne. Technisch mit der K 100 identisch, war sie doch aufgrund der aerodynamisch sehr ausgefeilten und ausgesprochen schönen Verkleidung der ideale Partner auf langen und schnell zurückgelegten Strecken. Durch den schmalen Lenker und die sehr effektive Abrisskante auf der Verkleidungsscheibe konnte der K-Fahrer vor der Witterung gut geschützt sehr lange Etappen ohne Stress bewältigen. Wie auch die K 100 wurde ab 1988 die RS optional mit dem revolutionär neuen ABS (Anti-Blockier-System) angeboten. Auch hier entschieden sich die meisten Käufer für die neue Sicherheitstechnik im Bereich der Bremse. Die Breitband-Qualitäten der RS bescherten ihr mit 34 804 verkauften Einheiten zum Preis von 15 190 DM den ersten Platz innerhalb der Zweiventil-K-Serie. ■

AUF EINEN BLICK	
Motor	Viertakt, Vierzylinder-Reihe, wassergekühlt
Bohrung x Hub	67 x 70 mm
Hubraum	987 cm^3
Leistung	90 PS (66 kW) bei 8.000 U/min
Drehmoment	86 Nm bei 6.000 U/min
Gemischbildung	elektronische Einspritzung, Bosch LE-Jetronic
Antrieb	5-Gang, Kardan
Ventiltrieb	dohc
Reifen	100/90 V 18, 130/90 V 17
Sitzhöhe	810 mm
Tankinhalt	22 l
Leergewicht (vollgetankt)	249 kg
Höchstgeschwindigkeit	220 km/h

R 80 G/S | Paris–Dakar | 1984–1987

Käufliche Hommage an die Ralley Paris–Dakar-Erfolge

AUF EINEN BLICK	
Motor	Viertakt, Zweizylinder-Boxer, luftgekühlt
Bohrung x Hub	84,8 x 70,6 mm
Hubraum	797,5 cm^3
Leistung	50 PS (37 kW) bei 6.500 U/min
Drehmoment	56,7 Nm bei 5.000 U/min
Gemischbildung	2 Gleichdruckvergaser Bing V 64/32/305-64/32/306
Antrieb	5-Gang, Kardan
Ventiltrieb	ohv
Reifen	3,00 x 19, 4,00 x 18
Sitzhöhe	860 mm
Tankinhalt	32 l
Leergewicht (vollgetankt)	205 kg
Höchstgeschwindigkeit	168 km/h

Angespornt durch die großen Erfolge 1981, 1983 und 1984 bei der Rallye Paris–Dakar mit den Fahrern Hubert Auriol und Gaston Rahier brachte BMW 1984 die R 80 G/S Paris–Dakar auf den Markt. Für die GS-Fangemeinde stellte diese Version mit ihrem riesigen 32-Liter-Tank und der Einzelsitzbank mit großem Gepäckträger die ultimative Reise- und Abenteuermaschine dar. Ein weiteres Unterscheidungsmerkmal zur zivilen Version war die verchromte Auspuffanlage. Zur weiteren Popularität trug die Rallye-Lackierung bei, dieser Kniff funktionierte als Marketinginstrument sehr

gut. Die mit 8 920 DM zirka 600 DM teurere Paris–Dakar-Version entsprach ansonsten technisch der R 80 G/S und war ebenso zuverlässig. Heute heißen die Abenteuermodelle der GS zwar Adventure, haben von ihrer Faszination aber immer noch nichts verloren. ■

1984–1989   K 100 RT

Wem der Tourensportler K 100 RS nicht tourentauglich genug war, der konnte ab 1984 zur K 100 RT greifen. Technisch ebenfalls mit der K 100 und RS identisch, bestach die RT jedoch durch ihre ausladende Verkleidung. Wie schon bei der Boxer-RT stand auch hier ein gut geschützter „Arbeitsplatz" mit aufrechter Sitzposition im Vordergrund. Um den komfortablen Langstrecken-Tourer noch zu perfektionieren, konnte man ab Werk zahlreiche Sonderausstattungen wählen. Am meisten fanden die BMW-Systemkoffer, ein Tankrucksack und eine Gepäckrolle Anklang. So ausgestattet war die K 100 RT das perfekte Reisemotorrad. Der Preis von 15 600 DM und einem Unterschied zur RS von 500 DM weniger blieb erträglich, und so verkaufte sich die RT mit 22 335 Einheiten ebenfalls sehr erfolgreich. ∎

AUF EINEN BLICK	
Motor	Viertakt, Vierzylinder-Reihe, wassergekühlt
Bohrung x Hub	67 x 70 mm
Hubraum	987 cm³
Leistung	90 PS (66 kW) bei 8.000 U/min
Drehmoment	86 Nm bei 6.000 U/min
Gemischbildung	elektronische Einspritzung, Bosch LE-Jetronic
Antrieb	5-Gang, Kardan
Ventiltrieb	dohc
Reifen	100/90 V 18, 130/90 V 17
Sitzhöhe	810 mm
Tankinhalt	22 l
Leergewicht (vollgetankt)	253 kg
Höchstgeschwindigkeit	215 km/h

R 80

1984–1992

Stark modifizierte und dynamische R 80

Ein Jahr nach Markteinführung der brandneuen K-Baureihe und dem vorläufigen Ende der 1000-Kubikzentimeter-Boxer brachte BMW die 800er-Boxer-Modelle grundlegend verbessert auf den Markt. Die klassische R 80 war mit der Monolever-schwinge (Einarmschwinge) ausgestattet und besaß die neuen Y-Designfelgen, die sich an die K-Baureihe anlehnten, sowie die Gabel der BMW K 100. Insgesamt präsentierte sich die neue Boxer-Generation, dazu gehörte auch die neue R 80 RT, mit geänderten Seitendeckeln und einer harmonischeren Sitzbank-/Heckkombination viel dynamischer als die Vorgängermodelle. Besonders ins Gewicht fielen die zahlreichen Motormodifikationen, die dieses Antriebskonzept im Hinblick auf die Geräusch- und Abgaswerte zukunftssicher machen sollte. Und so vertrug der überarbeitete Boxer als erster seiner Gattung bleifreien Sprit. Ebenfalls in das neue Konzept passt die komplett neue Auspuffanlage im sportlichen Look. Für 10 440 DM konnte BMW bis Anfang der 90er-Jahre 13 815 Exemplare unter das Volk bringen. ∎

Zeitgleich mit der Basis-R 80 wurde auch die R 80 RT als Reisemaschine der Öffentlichkeit vorgestellt. Auch sie genoss alle Neuerungen, die an der R 80 verbaut waren. Im Prinzip waren die beiden Modelle komplett identisch, sieht man von der RT-Verkleidung und dem breiten Lenker ab. Im Gegensatz zu ihrer Vorgängerin, die im schweren Chassis der R 100 RT fahren musste, profitierte die neue RT von den neuen technischen Entwicklungen wie Einarm-Hinterradschwinge (Monolever), den modernen Y-Felgen und der K 100-Gabel. Der stark überarbeitete Boxer-Motor, der sich spritziger und drehfreudiger präsentierte, kam sehr gut mit dem reduzierten Fahrzeuggewicht klar. Die neue RT fuhr sich viel agiler als ihre Vorgängerin und kam wesentlich besser beim Publikum an. Das schlug sich auch mit 22 069 Stück in den Verkaufszahlen nieder. Der mit 12 690 DM etwas höhere Preis im Vergleich zur nackten R 80 schien mehr als gerechtfertigt. ∎

Fahraktiver und agiler als sie aussieht: die R 80 RT

AUF EINEN BLICK	
Motor	Viertakt, Zweizylinder-Boxer, luftgekühlt
Bohrung x Hub	84,8 x 70,6 mm
Hubraum	797,5 cm^3
Leistung	50 PS (37 kW) bei 6.500 U/min
Drehmoment	58 Nm bei 4.000 U/min
Gemischbildung	2 Gleichdruckvergaser Bing V 64/32/353–64/32/354
Antrieb	5-Gang, Kardan
Ventiltrieb	ohv
Reifen	90/90 H 18, 120/90 H 18
Sitzhöhe	807 mm
Tankinhalt	22 l
Leergewicht (vollgetankt)	227 kg
Höchstgeschwindigkeit	170 km/h

*Die erste Dreizylinder-K: die
K 75 C mit Cockpitverkleidung*

AUF EINEN BLICK	
Motor	Viertakt, Dreizylinder-Reihe, wassergekühlt
Bohrung x Hub	67 x 70 mm
Hubraum	740 cm³
Leistung	75 PS (55 kW) bei 8.500 U/min
Drehmoment	68 Nm bei 6.750 U/min
Gemischbildung	elektronische Einspritzung, Bosch LE-Jetronic
Antrieb	5-Gang, Kardan
Ventiltrieb	dohc
Reifen	100/90 H 18, 120/90 H 18
Sitzhöhe	810 mm
Tankinhalt	21 l
Leergewicht (vollgetankt)	227 kg
Höchstgeschwindigkeit	200 km/h

Zwei Jahre nach Markteinführung der K 100 durfte die K 75 C endlich das Licht der Welt erblicken. Eine zeitgleiche Präsentation mit den Vierzylinder-Modellen wäre durchaus möglich gewesen, da die Entwicklung des Dreizylinders parallel verlief. Aber BMW wollte wohl erst die K 100 am Markt etablieren, bevor die K 75 zur internen Konkurrenz wurde. Nicht wenigen gefiel die kleine K nämlich besser. Die 75 PS reichten in Verbindung mit dem zur K 100 geringerem Gewicht vollkommen aus. Zudem fuhr sie sich nicht nur leichtfüßiger, sondern gab durch die Anbringung von Ausgleichsgewichten an der Kurbelwelle auch weniger Motorvibrationen von

sich. Durch den kürzeren Motorblock mussten die vorderen Rahmenzüge leicht abgeändert werden. Insgesamt kam die K 75 etwas zierlicher als die großen 1000-Kubikzentimeter-Modelle daher. Die erste Version wurde als Modell C mit einer kleinen Cockpitverkleidung ausgeliefert und kostete 12 890 DM. BMW konnte von dem K-Modell mit einer Trommelbremse hinten 9 566 Stück verkaufen. ■

1985–1993   R 65

Ein Jahr nach der Einführung der völlig überarbeiteten Boxer-Modellreihe auf Basis des 800-Kubikzentimeter-Motors stellte BMW den großen Modellen die kleine R 65 zur Seite. Auch sie besaß alle Komponenten der großen Boxer-Modelle. Angefangen von den neuen Y-Felgen mit dem modern gezeichneten Kotflügel vorn, über den neuen Seitendeckel bis hin zu dem formschönen Heckbürzel. Da die R 45 im Jahr der Präsentation 1985 vom Markt verschwand, übernahm die R 65 in der Leistungsversion mit 27 PS die Rolle der Einsteiger-BMW. Leider war dies das einzige Verkaufsargument, das für die R 65 sprach, da die preisliche Differenz mit einem Verkaufspreis von 8 980 DM zur R 80 sehr gering ausfiel. Sprich, wer nicht per Stufen-Führerschein zur R 65 greifen musste, wand sich meist zur stärkeren 800er. So erreichte die R 65 weder die Beliebtheit noch mit 8 260 Stück die Verkaufszahlen der R 80. ∎

AUF EINEN BLICK	
Motor	Viertakt, Zweizylinder-Boxer, luftgekühlt
Bohrung x Hub	82x 61,5 mm
Hubraum	649 cm³
Leistung	48/27 PS (35/20 kW) bei 7.250/5.500 U/min
Drehmoment	47,8/45,5 Nm bei 3.500/3.500 U/min
Gemischbildung	2 Gleichdruckvergaser Bing 64/32/359-360 oder 64/26/317-318
Antrieb	5-Gang, Kardan
Ventiltrieb	ohv
Reifen	90/90 H 18, 120/90 H 18
Sitzhöhe	807 mm
Tankinhalt	22 l
Leergewicht (vollgetankt)	205 kg
Höchstgeschwindigkeit	155/173 km/h

K 75 S

Das sportliche K-Modell blieb zehn Jahre am Markt.

AUF EINEN BLICK	
Motor	Viertakt, Dreizylinder-Reihe, wassergekühlt
Bohrung x Hub	67 x 70 mm
Hubraum	740 cm³
Leistung	75 PS (55 kW) bei 8.500 U/min
Drehmoment	68 Nm bei 6.750 U/min
Gemischbildung	elektronische Einspritzung, Bosch LE-Jetronic
Antrieb	5-Gang, Kardan
Ventiltrieb	dohc
Reifen	100/90 V 18, 120/90 V 17
Sitzhöhe	810 mm
Tankinhalt	21 l
Leergewicht (vollgetankt)	229 kg
Höchstgeschwindigkeit	210 km/h

Ein Jahr nach der K 75 C kam die S-Version als sportliche Version auf den Markt. Die S unterschied sich recht deutlich von der Basis-K 75 und der C. Optisch fiel natürlich sofort die schnittige Halbschalen-Verkleidung mit der getönten Windschutzscheibe und den formschön integrierten Blinkern auf, die das rahmenfeste Cockpit beherbergte. Im Fahrbetrieb machte sich aber auch das Sportfahrwerk mit verkürzten Federwegen bemerkbar. Dieses wurde später auch als Sportkit für die K 100-Modelle angeboten. Außerdem gab es die K 75 S ausschließlich mit einer Scheibenbremse und einem 17-Zoll-Rad hinten. Um die sportliche Note noch zu unterstreichen, erhielt die Maschine ab 1989 serienmäßig einen Motorspoiler. Sage und schreibe zehn Jahre lang blieb die K 75 S im Programm. Eine Modellkonstanz, die es heute kaum noch am Markt gibt. BMW verkaufte in dieser Zeit stolze 18 649 Einheiten. ■

1986–1991

K 100 LT

Erst als Edel-RT gedacht, ersetzte die LT drei Jahre nach ihrer Markteinführung die RT vollständig. Bis dahin liefen die beiden Modelle parallel. Das L stand für Luxus und so war die LT auch werksseitig bereits ausgestattet. Vor allem die in Fahrzeugfarbe lackierten Seitenkoffer sowie das Topcase mit Rückenlehne für die oder den Beifahrer/in machten den Auftritt der Maschine elegant. Auch die neue, klarere und etwas niedrigere Windschutzscheibe unterstützte in Verbindung mit der dicker gepolsterten Sitzbank den gehobenen Fahrkomfort. Daneben gab es noch zahlreiche weitere Extras, wie beispielsweise einen Son-

derlack oder ein Cassetten-Radio, das den Luxustourer aufwerten sollte. Obwohl diese ganze Ausstattungspolitik auch den Preis mit 18 530 DM in die Höhe trieb, war die Nachfrage groß und BMW setzt bis Anfang der 90er-Jahre 14 899 Stück des Luxus-Tourers ab. ∎

AUF EINEN BLICK	
Motor	Viertakt, Vierzylinder-Reihe, wassergekühlt
Bohrung x Hub	67 x 70 mm
Hubraum	987 cm^3
Leistung	90 PS (66 kW) bei 8.000 U/min
Drehmoment	86 Nm bei 6.000 U/min
Gemischbildung	elektronische Einspritzung, Bosch LE-Jetronic
Antrieb	5-Gang, Kardan
Ventiltrieb	dohc
Reifen	100/90 V 18, 130/90 V 17
Sitzhöhe	810 mm
Tankinhalt	22 l
Leergewicht (vollgetankt)	283 kg
Höchstgeschwindigkeit	215 km/h

R 100 RS

1986–1992

*Revival der legendären
R 100 RS auf Basis der R 80*

AUF EINEN BLICK	
Motor	Viertakt, Zweizylinder-Boxer, luftgekühlt
Bohrung x Hub	94 x 70,6 mm
Hubraum	980 cm³
Leistung	60 PS (44 kW) bei 6.500 U/min
Drehmoment	74 Nm bei 3.500 U/min
Gemischbildung	2 Gleichdruckvergaser Bing V 64/32/363-64/32/364
Antrieb	5-Gang, Kardan
Ventiltrieb	ohv
Reifen	90/90 H 18, 120/90 H 18
Sitzhöhe	807 mm
Tankinhalt	22 l
Leergewicht (vollgetankt)	229 kg
Höchstgeschwindigkeit	185 km/h

Man nehme eine Basis-R 80, bohre den Motor auf, montiere eine RS-Verkleidung und fertig ist das Revival-Modell R 100 RS. Von BMW nie geplant, sind es die Kunden, vorzugsweise aus Japan, die wieder ein 1000-Kubikzentimeter-Boxer-Motorrad verlangen. BMW gab nach und präsentierte 1986 die R 100 RS. Wie die neuen 800-Kubikzentimeter-Modelle konnte auch der neue 1000-Kubikzentimeter-Boxer mit bleifreiem Benzin gefahren werden. Zwar war die neue RS anfänglich nur als limitierte Sonderserie gedacht, wurde dann aber doch als normales Sortimentsmodell bis Anfang der 90er-Jahre angeboten. Die aufgerufenen

15.700 DM waren allerdings kein wirkliches Schnäppchen. Für das gleiche Geld gab es mittlerweile eine wesentlich stärker motorisierte K 100 RS und diese neue Baureihe gewann immer mehr Akzeptanz bei der BMW Kundschaft. So kam die R 100 RS trotz ihrer recht langen Marktpräsenz doch nur auf eine relativ enttäuschende Stückzahl von 6081 Exemplaren. ∎

1986–1996   K 75

Für viele Fans der K-Modelle ist die K 75 mit ihrer schwarzen Lackierung und ihrer orangefarbenen Linierung die Schönste. Mit dem in Chrom eingefassten Scheinwerfer, dem schwarzen Motorblock und der farblich abgestimmten Sitzbank ist sie eine elegante Erscheinung, die aber wie alle K-Modelle echte Langstrecken-Qualitäten mitbringt. In den ersten vier Jahren wurde die Basis-K parallel zur C angeboten. Ab 1990 entfiel die C und die K 75 erhielt das Sportfahrwerk der S und deren 17-Zoll-Hinterrad mit Scheibenbremse. Am Anfang ihrer Bauzeit kostete die K 75 11 990 DM. Als Ultima mit modernen Dreispeichen-Gussrädern,

ABS, Katalysator und Sonderlack feiert die K 75 nach zehn Jahren Bauzeit als Last-Edition nach 18 485 verkauften Einheiten zum Preis von happigen 19 990 DM zusammen mit der K 75 RT einen würdigen Abschied. ■

Die vielleicht bessere K: die K 75 mit Drilling

AUF EINEN BLICK	
Motor	Viertakt, Dreizylinder-Reihe, wassergekühlt
Bohrung x Hub	67 x 70 mm
Hubraum	740 cm³
Leistung	75 PS (55 kW) bei 8.500 U/min
Drehmoment	68 Nm bei 6.750 U/min
Gemischbildung	elektronische Einspritzung, Bosch LE-Jetronic
Antrieb	5-Gang, Kardan
Ventiltrieb	dohc
Reifen	100/90 H 18, 120/90 H 18
Sitzhöhe	810 mm
Tankinhalt	21 l
Leergewicht (vollgetankt)	227 kg
Höchstgeschwindigkeit	200 km/h

K 100   Serie 2 ab 1987   1987–1990

Die zweite Auflage der klassischen K 100 mit K-75-Komponenten und ABS

AUF EINEN BLICK	
Motor	Viertakt, Vierzylinder-Reihe, wassergekühlt
Bohrung x Hub	67 x 70 mm
Hubraum	987 cm³
Leistung	90 PS (66 kW) bei 8.000 U/min
Drehmoment	86 Nm bei 6.000 U/min
Gemischbildung	elektronische Einspritzung, Bosch LE-Jetronic
Antrieb	5-Gang, Kardan
Ventiltrieb	dohc
Reifen	100/90 V 18, 130/90 V 17
Sitzhöhe	810 mm
Tankinhalt	21 l
Leergewicht (vollgetankt)	240 kg
Höchstgeschwindigkeit	215 km/h

Sicherlich könnte man die K 100 der Serie 1 von 1983 bis 1987 und die Serie 2 unter dem Gesichtspunkt eines Facelifts (Überarbeitung) in eine Darstellung packen. Aber erstens hat es die K 100 der Serie 1 als erste der neuen Modellpalette schlicht verdient, separat gelistet zu werden, und zweitens war der technische Fortschritt im Jahr 1987 zu gravierend, als dass dieses in einem Nebensatz unterzubringen wäre. Auffällig waren im ersten Moment natürlich die optischen Veränderungen. Die K 100 erhielt einen schwarzen Motorblock, den etwas kleineren K 75-Tank und ebenfalls einen freistehenden und verchromten Rundscheinwerfer, dazu einen hohen und breiten Lenker sowie eine tiefe Sitzbank. Das eigentliche Alleinstellungsmerkmal dieser

K war aber das im Jahr 1988 neu eingeführte ABS (Anti-Blockier-System). BMW war mit diesem Motorrad der einzige Hersteller weltweit, der so eine technische Evolution anbot. Das neue Sicherheitsfeature stieß sofort auf eine breite Akzeptanz bei der Kundschaft, und so entschieden sich bereits im ersten Verkaufsjahr 60 Prozent aller K-Käufer für das neue Bremssystem. 14 400 DM kostete die K 100 und wurde bis 1990 1322-mal verkauft. ■

1987–1990 Paralever Generation 1   R 80 GS

Eine echte Alternative zur 1000-Kubik-GS: Die R 80 GS gab sich harmonischer.

Mit der R 80 GS (ohne Schrägstrich) erschien 1987 in der Toskana eine innovativ neue GS-Generation. Sie leistete zehn PS weniger als die große 1000-Kubikzentimeter-GS und besaß serienmäßig nicht das Cockpit-Windschild. Obwohl sie im Laufe ihrer Gesamtbauzeit (inklusive Modell 2 mit rahmenfester Verkleidung, 1990 – 1996) mit 11 375 verkauften Einheiten nur zirka ein Drittel der Stückzahlen der R 100 GS erreichte, sprach einiges für die kleine GS. Erstens war sie mit einem Verkaufspreis von 10 999 DM um 2 000 DM günstiger als die R 100

GS und zudem lief ihr Motor ruhiger, harmonischer und thermisch gesünder. Der großen Schwester wurde es unter extremer Belastung nämlich schnell etwas zu warm und BMW musste diesem Prozess mit einem extra angebrachtem Ölkühler auf dem Zylindersturzbügel entgegenwirken. Die neue R 80 GS war ansonsten technisch identisch mit der R 100 GS und glänzte ebenfalls mit der neuen Paralever-Schwinge mit Momentabstützung (siehe R 100 GS), den neuen Kreuzspeichenrädern, die Schlauchlosreifen zuließen, sowie dem formschönen 24-Liter-Tank. ∎

AUF EINEN BLICK	
Motor	Viertakt, Zweizylinder-Boxer, luftgekühlt
Bohrung x Hub	84,8 x 70,6 mm
Hubraum	797 cm^3
Leistung	50 PS (37 kW) bei 6.500 U/min
Drehmoment	61 Nm bei 3.750 U/min
Gemischbildung	2 Gleichdruckvergaser Bing 64/32/349-64/32/350
Antrieb	5-Gang, Kardan
Ventiltrieb	ohv
Reifen	90/90 S 21, 130/80 S 17
Sitzhöhe	850 mm
Tankinhalt	24 l
Leergewicht (vollgetankt)	210 kg
Höchstgeschwindigkeit	168 km/h

R 100 GS

*Kleines Bild: Die neue Schwinge
mit Momentabstützung*

*Die zu ihrer Zeit stärkste Enduro
der Welt: die R 100 GS*

AUF EINEN BLICK	
Motor	Viertakt, Zweizylinder-Boxer, luftgekühlt
Bohrung x Hub	94 x 70,6 mm
Hubraum	980 cm³
Leistung	60 PS (44 kW) bei 6.500 U/min
Drehmoment	76 Nm bei 3.750 U/min
Gemischbildung	2 Gleichdruckvergaser Bing 94/40/123-94/40/124
Antrieb	5-Gang, Kardan
Ventiltrieb	ohv
Reifen	90/90 T 21, 130/80 T 17
Sitzhöhe	850 mm
Tankinhalt	24 l
Leergewicht (vollgetankt)	210 kg
Höchstgeschwindigkeit	181 km/h

Ende 1987 präsentierte BMW in der Toskana mit der R 100 GS die stärkste Enduro der Welt. Ihr zur Seite gestellt wurde die kleine R 80 GS mit dem 800-Kubikzentimeter-Boxer. Bis auf das äußerst erfolgreiche Grundprinzip der Zweizylinder-Boxer-Enduro waren die beiden Modelle komplett neu entwickelt worden. Optisch fiel sofort der neue 24-Liter-Tank und der neue Frontkotflügel auf. Neben den Kreuzspeichenrädern, die die Verwendung von Schlauchlosreifen ermöglichten, stach als technische Innovation besonders die neue Schwinge mit Momentabstützung hervor. Heutzutage spricht man im Zusammenhang dieser GS-Generation nur noch von den Paralever-Modellen. Mit dieser für den Markt neuen Technik (BMW hatte diese Lösung schon Jahre zuvor entwickelt) konnte der für viele Fahrer unangenehme Fahrstuhleffekt (Heben und Senken des Fahrzeughecks beim Gasgeben und -wegnehmen) weitgehend eliminiert

werden. Ein weiteres Highlight an dieser neuen GS war natürlich, wie im ersten Satz schon erwähnt, die hohe Motorleistung. Nicht nur die 60 PS in Verbindung mit der Höchstgeschwindigkeit von 181 Stundenkilometern beeindruckte die Testfahrer und Käufer. Zudem begeisterte das bullige Drehmoment von 76 Newtonmetern, das schon bei 3750 Umdrehungen anlag (R 80 GS: 61 Newtonmeter bei 3750 Umdrehungen). Mit dem serienmäßigen Windschild und einem zusätzlichen Ölkühler auf dem Zylinderschutzbügel, der thermischen Problemen vorbeugen sollte, verkaufte sich die R 100 GS inklusive des überarbeiteten Modells ab 1990 bis 1996 und dem Sondermodell Paris-Dakar zum Preis von 12 990 DM (Paris–Dakar 15 190 DM) insgesamt 34 007-mal. ■

Neben den neuen Paralever-GS -Modellen R 80/100 GS durfte die Vorgängerin R 80 G/S mit dem Motor der R 65 als Einsteigermodell noch fünf Jahre weiterleben. Mit 27 PS Motorleistung speziell an den damaligen Stufenführerschein angepasst, fand die kleine GS dennoch mit gerade mal 1 727 Einheiten relativ wenig Käufer. Auch die Fahrschulen und öffentlichen Einrichtungen, die mit der R 65 GS angesprochen werden sollten, gaben sich zurückhaltend. Die, die sich jedoch bewusst für die 650 Kubikzentimeter-Boxer-Enduro entschieden, waren alle sehr zufrieden mit dem Motorrad. Es war robust und einfach in der Handhabung und sehr agil zu fahren. Allerdings mit 9 200 DM nicht gerade ein Schnäppchen und preislich zu nahe an der R 80 GS platziert. Heute gilt die R 65 GS als Geheimtipp für die Liebhaber der früheren BMW-Boxer-Enduros. ■

Früher relativ wenig gefragt, heute ein Geheimtipp: die R 65 GS

AUF EINEN BLICK	
Motor	Viertakt, Zweizylinder-Boxer, luftgekühlt
Bohrung x Hub	82 x 61,5 mm
Hubraum	649,6 cm³
Leistung	27 PS (20 kW) bei 5.500 U/min
Drehmoment	43 Nm bei 3.500 U/min
Gemischbildung	2 Gleichdruckvergaser Bing 64/26/317-318
Antrieb	5-Gang, Kardan
Ventiltrieb	ohv
Reifen	3.00 - 21 48 R, 4.00 - 18 64 R
Sitzhöhe	860 mm
Tankinhalt	19,5 l
Leergewicht (vollgetankt)	198 kg
Höchstgeschwindigkeit	146 km/h

R 100 RT Classic 1987–1996

Neuauflage der klassischen RT mit Monolever-Schwinge

AUF EINEN BLICK	
Motor	Viertakt, Zweizylinder-Boxer, luftgekühlt
Bohrung x Hub	94 x 70,6 mm
Hubraum	980 cm³
Leistung	60 PS (44 kW) bei 6.500 U/min
Drehmoment	74 Nm bei 3.500 U/min
Gemischbildung	2 Gleichdruckvergaser Bing V 64/32/363-364
Antrieb	5-Gang, Kardan
Ventiltrieb	ohv
Reifen	90/90 18 51 H, 120/90 18 65 H
Sitzhöhe	807 mm
Tankinhalt	22 l
Leergewicht (vollgetankt)	229 kg
Höchstgeschwindigkeit	185 km/h

Ein Jahr nach der Wiedergeburt der R 100 RS kam die R 100 RT auf den Markt. Sie basierte vollständig auf der R 100 RS und trug lediglich die RT-Verkleidung und eine höhere Lenkstange. Auch sie war bleifreitauglich und besaß mit dem identischen Fahrwerk, den Y-Rädern und der Einarmschwinge alle technischen Bauteile der sportlichen RS. Obwohl sie mit 16 150 DM nicht nur teurer als die RS war, sondern auch mehr kostete, als viele K-Modelle, erfreute sich die R 100 RT der Monolever-Generation doch recht großer Beliebtheit. An den serienmäßig ab Werk mitgelieferten Systemkoffern kann es nicht gelegen haben, aber die RT wurde mit einer Stückzahl von 9 738 Einheiten durchaus ein nennenswerter Erfolg. Dieser scheint bis heute anzuhalten, denn besonders die Classic-Modelle ab 1994, mit einer edlen Zweifarben-Lackierung versehen, sind im gepflegten Originalzustand bereits gesuchte Fahrzeuge und werden entsprechend teuer gehandelt. ■

1988–1993   K 1

A ls die K1 auf der IFMA 1988 in Köln präsentiert wurde, löste sie große Diskussionen aus. Die Meinungen gingen weit auseinander und reichten von Faszination bis Ablehnung. Die Entwicklung der Maschine stand ganz im Zeichen der möglichst perfekten Aerodynamik. Besonders deutlich wurde dies durch das stark verschalte Vorderrad. Auch ein konventionelles Koffersystem war für die K1 nicht erhältlich, da dieses die mühsame Entwicklungsarbeit zunichte gemacht hätte. Stattdessen gab es zwei kleine Staufächer, die sich in die Linie einfügten. Technisch basierte die K 1 auf der K 100 RS. Sie besaß ebenfalls schon den neuen Vierventil-Motor, die innovative Paraleverschwinge und die Leichtmetall-Dreispeichen-

Räder. Auch die verwindungssteife Marzocchi-Teleskopgabel und die optional ABS-unterstützte Brembo-Bremsanlage waren von der K 100 RS (Vierventil) übernommen. Um bei hohen Geschwindigkeiten eine ausreichende Stabilität und einen stabilen Geradeauslauf zu erhalten, wurde der Rahmen verstärkt und der Radstand um 50 Millimeter verlängert. In dem Sondermodell Ultima fand die Karriere der K1 im Jahr 1993 ihr Ende. Bis dahin fanden 6 921 Maschinen für 20 200 DM einen Käufer. Abschließend bleibt zu sagen, dass die K 1 ihrer Zeit wohl voraus war, da es damals die Fahrzeugklasse der Highspeed-Tourer, in der sich heute die BMW K 1200 S, eine Suzuki Hayabusa oder eine Kawasaki ZX-12 tummeln, schlicht noch nicht gab. ∎

Aerodynamisch ausgefeilter Hochgeschwindigkeitstourer: Die K1 war ihrer Zeit voraus.

AUF EINEN BLICK	
Motor	Viertakt, Vierzylinder-Reihe, wassergekühlt
Bohrung x Hub	67 x 70 mm
Hubraum	987 cm³
Leistung	100 PS (74 Kw) bei 8.000 U/min
Drehmoment	100 Nm bei 6.750 U/min
Gemischbildung	elektronische Einspritzung, Bosch Motronic MA 2.1
Antrieb	5-Gang, Kardan
Ventiltrieb	dohc
Reifen	120/70 ZR 17, 160/60 ZR 18
Sitzhöhe	810 mm
Tankinhalt	22 l
Leergewicht (vollgetankt)	234 kg
Höchstgeschwindigkeit	240 km/h

R 100 GS | Paris–Dakar | 1988–1996

Die Adventure-GS von damals hieß Paris–Dakar

AUF EINEN BLICK	
Motor	Viertakt, Zweizylinder-Boxer, luftgekühlt
Bohrung x Hub	94 x 70,6 mm
Hubraum	980 cm³
Leistung	60 PS (44 kW) bei 6.500 U/min
Drehmoment	76 Nm bei 3.750 U/min
Gemischbildung	2 Gleichdruckvergaser Bing 94/40/123-94/40/124
Antrieb	5-Gang, Kardan
Ventiltrieb	ohv
Reifen	90/90 T 21, 130/80 T 17
Sitzhöhe	850 mm
Tankinhalt	35 l
Leergewicht (vollgetankt)	236 kg
Höchstgeschwindigkeit	180 km/h

Nachdem die R 100 GS als stärkste Enduro der Welt beim kaufenden Publikum sehr gut ankam, zeigte BMW ein Jahr später auf der Intermot die ultimative Reiseenduro R 100 GS Paris–Dakar. Die Unterschiede zur zivilen GS waren gravierend. Die R 100 GS Paris–Dakar, kurz PD genannt, war anfangs nicht als eigenständiges Modell gedacht. Der Bauteil-Kit bestand aus einem riesigen 35-Liter-Benzintank mit kleinem integriertem Handschuhfach, einer rahmenfesten und von Sturzbügel umrahmten Verkleidung mit großem Windschild, einer Einzelsitzbank, einer Kotflügelverbreiterung vorn, Zylinderschutzbügeln mit Schmutzabweisern und einem gelochten Motorschutz aus Aluminium. So ausgerüstet strahlte die PD schon im Stand Fernweh aus. Die GS-Jünger waren durchweg begeistert. Auf Basis dieser sehr guten Resonanz brachte BMW die PD dann doch als Sondermodell für 15 190 DM auf den Markt. Bis zum Ende ihrer Bauzeit wurden 9 007 Stück verkauft und der Preis stieg bis Mitte der 90er-Jahre auf 16 950 DM. ■

1989–1992 (Vierventil) | K 100 RS

Technisch stark modifiziert: die Vierventil-K 100-RS

„Hochleistung und High-Tech in zeitloser Eleganz", so beschrieb BMW die überarbeitete K 100 RS. Sie sollte als völlig neu konstruierte Maschine wahrgenommen werden. Besonders die technischen Errungenschaften, die sich in der neuen K vereinten, wurden in den Vordergrund gestellt. So besaß sie den modernen Vierventil-Motor aus der K1 mit vollen 100 PS und satten 100 Newtonmetern Drehmoment bei 6750 Umdrehungen. Desweiteren zierten sie die schönen Leichtmetall-Dreispeichen-Gussfelgen, die hintere wurde von einer Paraleverschwinge geführt. Vorne arbeitete eine Marzocchi-Teleskopgabel und beherbergte schwimmend gelagerte 305 Millimeter-Bremsscheiben, die von einer ABS-gesteuerten Vierkolben-Bremsanlage

in die Zange genommen wurden. Mit 19 950 DM im Basispreis nur knapp unter der 20 000er-Schallgrenze angesiedelt, errang die Vierventil-RS mit 12 666 verkauften Einheiten bei weitem nicht den Verbreitungsgrad ihrer Vorgängerin. Das mag zum Teil auch daran gelegen haben, dass sich die K-Generation mit dem 1100-Kubikzentimeter-Motor schon am Horizont zeigte. ∎

AUF EINEN BLICK	
Motor	Viertakt, Vierzylinder-Reihe, wassergekühlt
Bohrung x Hub	67 x 70 mm
Hubraum	987 cm³
Leistung	100 PS (74 kW) bei 8.000 U/min
Drehmoment	100 Nm bei 6.750 U/min
Gemischbildung	elektronische Einspritzung, Bosch Motronic MA 2.1
Antrieb	5-Gang, Kardan
Ventiltrieb	dohc
Reifen	120/70 ZR 17, 160/60 ZR 18
Sitzhöhe	800 mm
Tankinhalt	22 l (ab 1987: 21 l)
Leergewicht (vollgetankt)	235 kg
Höchstgeschwindigkeit	232 km/h

K 75 RT

1989–1996

Von Behörden bevorzugt:
die K 75 RT

AUF EINEN BLICK	
Motor	Viertakt, Vierzylinder-Reihe, wassergekühlt
Bohrung x Hub	67 x 70 mm
Hubraum	740 cm³
Leistung	75 PS (55 kW) bei 8.500 U/min
Drehmoment	68 Nm bei 6.750 U/min
Gemischbildung	elektronische Einspritzung, Bosch LE-Jetronic
Antrieb	5-Gang, Kardan
Ventiltrieb	dohc
Reifen	100/90 H 18, 120/90 H 18
Sitzhöhe	810 mm
Tankinhalt	21 l
Leergewicht (vollgetankt)	258 kg
Höchstgeschwindigkeit	185 km/h

Als Alternative zur K 100 RT hatte es die K 75 RT schwer, sich am Markt zu behaupten. Der etwas runder laufende Drilling hatte mit dem Gewicht von 258 Kilogramm doch recht zu kämpfen. Die Souveränität, die die 1000-Kubikzentimeter-RT gerade bei Langstrecken auf der Autobahn ausstrahlte, ging der K 75 RT ein wenig ab. Ab 1992 erhielt die kleine RT eine elektrisch verstellbare Scheibe, moderne Dreispeichenfelgen und Koffer serienmäßig. Da die K 75 RT besonders gerne als Behördenfahrzeug eingesetzt wurde, verkaufte BMW eine nicht unerhebliche Menge, 21264 Stück, an die Polizei und sonstige öffentliche Einrichtungen. Mit einem Preis von 16900 DM war die RT von Anfang an alles andere als günstig. Als Last-Edition-Modell Ultima mit serienmäßigem Koffersystem, Katalysator, ABS und Sonderlack stieg der Preis auf beachtliche 23950 DM. Und so verabschiedete sich die kleine RT 1996 durchaus würdig vom Motorradmarkt. ∎

R 80 GS mit Halbschalen-Verkleidung

Selbstverständlich erhielt auch die R 80 GS im Jahr 1990 sämtliche Neuerungen und Modifikationen, die schon an der neuen Generation der R 100 GS verbaut waren. Sie besaß fortan die Paris–Dakar-Verkleidung mitsamt der neuen Cockpitinstrumente, die K-Armaturen am Lenker, verbesserte Bremse und Federbein sowie den rostfreien Stahlauspuff. Auch das SLS (Sekundärluftsystem) für ein besseres Abgasverhalten fand sich an der überarbeiteten R 80 GS wieder. Ebenfalls eine wählbare Option war ein hoher oder niedriger Kotflügel vorn. Anhand der reinen Fakten hätte man annehmen können, dass diese GS-Baureihe mindestens genauso beliebt sein würde, wie die von 1987 bis 1990.

War sie aber leider nicht, weil BMW mit der Farbwahl zu jener Zeit so weit vom allgemeinen Kundengeschmack entfernt war, dass sich die Kauflaune mit 6481 Exemplaren zum Preis von 14 500 DM in Grenzen hielt. Besonders die Lackierung in Lila mit einer Reifenfahrspur quer über den Tank missfiel vielen Käufern, so dass sie meist lieber zum Rot mit dezent schwarzen Zierstreifen griffen. ■

AUF EINEN BLICK	
Motor	Viertakt, Zweizylinder-Boxer, luftgekühlt
Bohrung x Hub	84,8 x 70,6 mm
Hubraum	797,5 cm³
Leistung	50 PS (37 kW) bei 6.500 U/min
Drehmoment	61 Nm bei 3.750 U/min
Gemischbildung	2 Gleichdruckvergaser Bing 64/32/349–64/32/350
Antrieb	5-Gang, Kardan
Ventiltrieb	ohv
Reifen	90/90 S 21, 130/80 S 17
Sitzhöhe	850 mm
Tankinhalt	24 l
Leergewicht (vollgetankt)	210 kg
Höchstgeschwindigkeit	168 km/h

Paralever-GS der zweiten Generation mit Verkleidung

AUF EINEN BLICK	
Motor	Viertakt, Zweizylinder-Boxer, luftgekühlt
Bohrung x Hub	94 x 70,6 mm
Hubraum	980 cm³
Leistung	60 PS (44 kW) bei 6.500 U/min
Drehmoment	76 Nm bei 3.750 U/mn
Gemischbildung	2 Gleichdruckvergaser Bing 94/40/123-94/40/124
Antrieb	5-Gang, Kardan
Ventiltrieb	ohv
Reifen	90/90 T 21, 130/80 T 17
Sitzhöhe	850 mm
Tankinhalt	24 l
Leergewicht (vollgetankt)	210 kg
Höchstgeschwindigkeit	181 km/h

Sicher könnte man die R 80/100 GS von 1987 bis 1994 unter dem Begriff Paralever-Generation zusammenfassen. Jedoch wurde das Erscheinungsbild der GS durch das Facelift 1990 so stark verändert, dass man die Maschinen aus diesem Bauzeitraum durchaus als eigenständige Modellreihe behandeln darf. Die zweite Generation der Paralever-GS erhielt 1990 die rahmenfeste Verkleidung der R 100 GS Paris–Dakar mit den umlaufenden Rohrbügeln und dem Schweinwerferschutz. In Kombination mit dem 24-Liter-Tank erhielt die R 80/100-GS-Baureihe so eine ganz eigene Linie und kam der Paris–Dakar optisch nicht zu nahe. Den Kotflügel vorn gab es in einer niedrigen oder hoch montierten Version.

Technisch gab es 1990 einige Änderungen. Eine der wichtigsten war das auf der IFMA vorgestellte neue Abgasreinigungssystem. Das Sekundärluftsystem, SLS genannt, öffnete durch den Unterdruck im Auspuffsystem zwei Membrane im Luftfilterkasten, so dass Frischluft nachströmen konnte und die unverbrannte Gase nachverbrannt und die umweltschädlichen Abgase deutlich verringert wurden. Außerdem erhielt die GS vorne eine schwimmend gelagerte Bremsscheibe, einen Edelstahlauspuff, ein besseres und einstellbares Federbein (das auch der Paris–Dakar zugute kam) sowie die Armaturen der K-Baureihe. Der letzte Verkaufspreis betrug 15 500 DM und BMW verkaufte von der GS 8 730 Fahrzeuge. ■

Nachdem 1990 die GS-Baureihe gründlich überarbeitet worden war, überraschte BMW die Fangemeinde mit einer Straßenversion auf GS-Basis. Allerdings setzte sich die R 100 R wesentlich deutlicher von der GS ab, als die ST-Modelle der vorherigen Generation. Mit straßenorientiertem Fahrwerk, entsprechenden Reifen und einer tief montierten Auspuffanlage war die R 100 R eine klassisch schöne BMW. Auch für sie war das Sekundär-Luft-System, kurz SLS, für die Erreichung besserer Abgaswerte optional erhältlich. 1994 brachte BMW dann als letzte Version der Straßen-Boxer-Modelle die edle R 100

R Classic und erfreute somit die BMW-Traditionalisten. Insgesamt (inklusive R 100 R Mystic ab 1993) verkaufte sich die R 100 R / Classic zum Preis von 13 450 DM 20 589-mal und übertraf die Erwartungen der BMW-Verantwortlichen bei weitem. Wie alle Classic-Modelle ist auch die R 100 R im gepflegten Originalzustand heutzutage ein gesuchtes Liebhaberobjekt. ■

AUF EINEN BLICK	
Motor	Viertakt, Zweizylinder-Boxer, luftgekühlt
Bohrung x Hub	94 x 70,6 mm
Hubraum	980 cm³
Leistung	60 PS (44 kW) bei 6.500 U/min
Drehmoment	76 Nm bei 3.750 U/min
Gemischbildung	2 Gleichdruckvergaser Bing 94/40/123-94/40/124
Antrieb	5-Gang, Kardan
Ventiltrieb	ohv
Reifen	110/80 V 18, 140/80 V 17
Sitzhöhe	850 mm
Tankinhalt	24 l
Leergewicht (vollgetankt)	218 kg
Höchstgeschwindigkeit	181 km/h

K 1100 LT

Der LuxusTourer mit 1100 Kubik und neuer Fahrwerkstechnik

AUF EINEN BLICK	
Motor	Viertakt, Vierzylinder-Reihe, wassergekühlt
Bohrung x Hub	70,5 x 70 mm
Hubraum	1092 cm³
Leistung	100 PS (74 kW) bei 7.500 U/min
Drehmoment	107 Nm bei 5.500 U/min
Gemischbildung	elektronische Einspritzung, Bosch Motronic MA 2.2
Antrieb	5-Gang, Kardan
Ventiltrieb	dohc
Reifen	110/80-VR 18, 140/80-VR 17
Sitzhöhe	810 mm
Tankinhalt	22 l
Leergewicht (vollgetankt)	290 kg
Höchstgeschwindigkeit	210 km/h

Hatte es für die K 100 RS Ende der 80er-Jahre ein Upgrade mit dem modernen Vierventil-Motor aus der K1 und neue Fahrwerkskomponenten, wie der Paraleverschwinge gegeben, so glitt diese Entwicklung, nach Einstellung der K 100 RT im selben Jahr, komplett an der K 100 LT vorbei. Erst 1991 erhielt sie all diese technischen Features, übersprang den 1000-Kubikzentimeter-Vierventil-Motor und erhielt gleich den 1100-Kubikzentimeter-Motor, den die RS ein Jahr später spendiert bekommen sollte. Nun war auch die LT auf dem neuesten Stand der Technik und konnte neben dem Anti-Blockier-System (ABS) auch mit geregeltem Katalysator be-

stellt werden. Über die Modifizierung der Technik hinaus war BMW aber besonders bemüht, den Komfort für die Passagiere zu erhöhen. Hierzu trug zum Beispiel eine elektrisch verstellbare Windschutzscheibe, Heizgriffe und ein Radio mit Fernbedienung bei. 22757 LT wurden im Laufe der Bauzeit verkauft. Gern genommen wurden die besonders gut ausgestatteten Sondermodelle „Special Edition" (1993) und „Highline" (1997), die allerdings den Preis von ursprünglich 22850 DM auf 29600 DM trieben. Die LT ist eben ein echter LuxusTourer. ∎

1992–1994

R 80 R

Ein Jahr nach dem Erscheinen der R 100 R wurde der großen Boxer-BMW eine 800-Kubikzentimeter-Version zur Seite gestellt. Die R 80 R kam in Türkis-Grün Metallic wesentlich farbenfroher und poppiger daher. Auf dem Tank prangte selbstbewusst und in großen Lettern BOXER. Sie sollte als Drosselversion mit 27 PS beziehungsweise später mit 34 PS auch die jüngere Käuferschicht und Motorradeinsteiger mit Stufenführerschein ansprechen. Für das ruhigere Umweltgewissen konnte man bei ihr, wie auch bei der R 100 R, optional das Sekundär-Luft-System ordern. Bis auf den geringeren Hubraum und die Minderleistung von zehn PS war die R 80 R mit der großen R 100 R baugleich. Sie fand im Rahmen ihrer recht kurzen Bauzeit bis 1994 immerhin 3 593 Käufer, die 13 250 DM für den Straßenboxer auf die Theke legten. ∎

BOXER auf dem Tank und unter dem Tank: die R 80 R

AUF EINEN BLICK	
Motor	Viertakt, Zweizylinder-Boxer, luftgekühlt
Bohrung x Hub	84,8 x 70,6 mm
Hubraum	797,5 cm³
Leistung	50/34/27 PS (37/25/20 kW) bei 6.500/6.000/5.500 U/min
Drehmoment	61/50/45 Nm bei 3.750/3.750/3.500 U/min
Gemischbildung	2 Gleichdruckvergaser Bing 64/32/349–64/32/350
Antrieb	5-Gang, Kardan
Ventiltrieb	ohv
Reifen	110/80 V 18, 140/80 V 17
Sitzhöhe	850 mm
Tankinhalt	24 l
Leergewicht (vollgetankt)	217 kg
Höchstgeschwindigkeit	168/148/145 km/h

K 1100 RS

*Facegeliftete K 1100 RS
in neuem Gewand*

AUF EINEN BLICK

Motor	Viertakt, Vierzylinder-Reihe, wassergekühlt
Bohrung x Hub	70,5 x 70 mm
Hubraum	1.092 cm³
Leistung	100 PS (74 kW) bei 7.500 U/min
Drehmoment	107 Nm bei 5.500 U/min
Gemischbildung	elektronische Einspritzung, Bosch Motronic MA 2.2
Antrieb	5-Gang, Kardan
Ventiltrieb	dohc
Reifen	120/70 VR 17, 160/60 VR 18
Sitzhöhe	800 mm
Tankinhalt	22 l
Leergewicht (vollgetankt)	268 kg
Höchstgeschwindigkeit	220 km/h

Ein Jahr nachdem die LT bereits ein Upgrade mit dem 1100-Kubikzentimeter-Motor erhalten hatte, wurde es Zeit, auch die RS damit auszustatten. Die technischen Neuerungen hielten sich einigermaßen in Grenzen, da sie 1989 ja bei dem Vierventil-Facelift bereits zahlreiche neue Errungenschaften (Räder, Fahrwerk, etc.) mitbekommen hatte. Hervorgehoben wurde natürlich zu Recht das Anti-Blockier-System und der geregelte Katalysator. Die größte Veränderung führte jedoch die neue Verkleidung bei. Die Lücke zwischen dem optionalen Motorspoiler (von der K 100 RS Vierventil) und der oberen Dreiviertel-Verkleidung wurde konsequent geschlossen und erzeugte somit optisch eine völlig neue Erscheinung. Die geschlitzten Verkleidungsseiten waren aber nicht nur ein Hingucker, sondern schlicht eine Notwendigkeit, um die aufsteigende Abwärme des Motors abzuleiten. Denn K-Fahrer litten schon jeher unter der Hitze, die zwischen den Verkleidungsteilen emporstieg. Ähnlich wie bei der LT entwickelte sich der Preis von anfänglich 21950 DM über Sondermodelle 1994 in Rot mit schwarzen Schriftzügen inklusive ABS für 25 300 DM und 1995 in schwarz-silber mit polierter Telegabel auf über 25 000 DM. Dennoch war die dynamische RS beliebt und fand mit 12 179 produzierten Einheiten viele zufriedene Käufer.

1993–2001   R 1100 RS

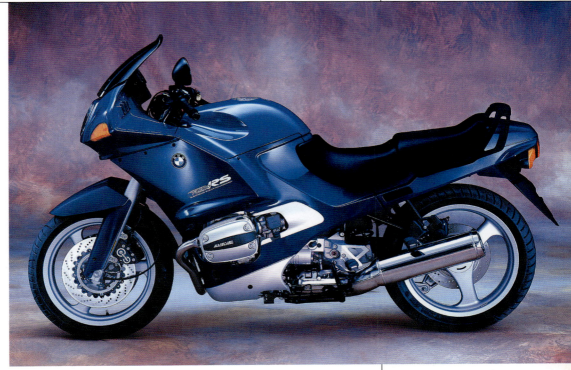

Die R 1100 RS läutete 1993 das nahende Ende der Zweiventil-Boxer-Generation ein. Sie präsentierte erstmalig den neu entwickelten Vierventil-Boxer, der dieses Motorprinzip und damit die Identität der Marke BMW in die Zukunft retten sollte. Dass der alte Boxer-Motor technisch ausgereizt war, erkannte man schon sehr früh und ließ sich bei der Entwicklung des modernen Boxers fast zehn Jahre Zeit. Besonders die Ventilsteuerung über Stößel und Kipphebel mit einer Zwischenwelle, die über eine Rollenkette direkt von der Kurbelwelle angetrieben wurde, und die unterhalb der Ventile platzierte Nockenwelle antrieb, war eine technische Evolution.

So konnte die Baubreite der neuen Boxer-Generation „schmal" gehalten werden. Revolutionär war

jedoch die neue Fahrwerkstechnik mit dem neuen Telelever. Hierbei sind die Teleskoprohre über einen drehbar gelagerten Längslenker mit der Gleitrohrbrücke verbunden. An diesem Längslenker sitzt das zentrale Federbein. Somit wird die Telegabel von der Federung und Dämpfung befreit und dient nur noch der Radführung. Der Telelever erzeugt ein entkoppelt schwebendes Fahrgefühl auf der Vorderhand. Auch wenn es dafür nicht nur Lob gab, war die erste BMW der neuen Boxer-Generation mit 26 403 Einheiten zum Preis von 19 250 DM in der Grundausstattung (ab 1994 mit höhenverstellbarer Sitzbank), bei der es selten blieb (ABS, Heizgriffe, Koffer, Vollverkleidung, etc.), ein voller Erfolg und der Anfang einer weiteren Ära der BMW-Modellgeschichte. ■

Der Startschuss zur neuen Vierventil-Boxer-Ära: die R 1100 RS

AUF EINEN BLICK	
Motor	Viertakt, Zweizylinder-Boxer, luft-/ölgekühlt
Bohrung x Hub	99 x 70,5 mm
Hubraum	1.085 cm^3
Leistung	90 PS (66 kW) bei 7.250 U/min
Drehmoment	95 Nm bei 5.500 U/min
Gemischbildung	elektronische Einspritzung, Bosch Motronic MA 2.2
Antrieb	5-Gang, Kardan
Ventiltrieb	hc
Reifen	120/70 ZR 17, 160/60 ZR 18
Sitzhöhe	780/800/820 mm
Tankinhalt	23 l
Leergewicht (vollgetankt)	239 kg
Höchstgeschwindigkeit	215 km/h

R 100 R | Mystic | 1993–1996

Die R 100 R Mystic: ein Klassiker unter den BMWs

AUF EINEN BLICK	
Motor	Viertakt, Zweizylinder-Boxer, luftgekühlt
Bohrung x Hub	94 x 70,6 mm
Hubraum	980 cm³
Leistung	60 PS (44 kW) bei 6.500 U/min
Drehmoment	76 Nm bei 3.750 U/min
Gemischbildung	2 Gleichdruckvergaser Bing 94/40/123-94/40/124
Antrieb	5-Gang, Kardan
Ventiltrieb	ohv
Reifen	110/80 V 18, 140/80 V 17
Sitzhöhe	850 mm
Tankinhalt	24 l
Leergewicht (vollgetankt)	215 kg
Höchstgeschwindigkeit	181 km/h

Wem die R 100 R zu klassisch daherkam, der konnte ab 1993 zur R 100 R Mystic greifen. Dieses schnörkellose Motorrad glänzte durch eine wunderschöne Sitzbank-Heck-Kombination, die sich wesentlich harmonischer in das Gesamterscheinungsbild einfügte, als der Gepäckträger der normalen R 100 R. Dafür war das Ganze natürlich etwas unpraktischer und für die Beifahrer/in auch auf Langstrecken unbequemer. Aber die Mystic zielte bewusst auf eine andere Käuferschicht. Jene, die viel Wert auf liebevolle Details legten, wie zum Beispiel die neu eingefassten Instrumente oder die fließend in die Linie integrierten Seitendeckel. Auch die Farbe Mystic-Rot trug zu dem besonderen Erscheinungsbild bei. Das Fahrzeug kostete 14 950 DM und fand 3 650 Käufer. ■

Die „Funduro" F 650 – der Beginn der neuzeitlichen BMW-Einzylinder-Ära

Die F 650 darf als Meilenstein der jüngeren BMW-Geschichte bezeichnet werden. Läutete sie doch 1993 die zweite Ära der BMW-Einzylinder-Motoräder ein. Seit 1966 die letzte Einzylinder-Maschine R 27 eingestellt wurde, gab es diese Gattung bei BMW nicht mehr. Die neue F 650 nahm diese alte Tradition wieder auf und führte sie fort. Gleichzeitig brach sie auch mit Konventionen, denn sie war die erste BMW mit Kettenantrieb. Der neue Einzylinder stammte aus einer Technik-Kooperation mit der italienischen Marke Aprilia und seine Fertigung übernahm der österreichische Motorenspezialist Rotax. Neben Funduro (von BMW geprägt) erhielt die kleine BMW daher schnell den Spitznamen Eu-

robike oder schlicht (heute geläufig) Vergaser-F. Zwar stellte die F für 10 950 DM ein günstiges Einsteigermodell dar, jedoch musste kein Käufer auf die BMW-üblichen Features wie Heizgriffe, Koffersystem, Topcase und Tankrucksack verzichten. Hinzu kam eine sehr gute Soziustauglichkeit. Wer mit dem etwas ruppigen Verhalten unterhalb von 3 500 Umdrehungen klar kam, erhielt eine durchaus langstreckentaugliche und robuste kleine Reiseenduro. Das Modelljahr 1996 erhielt zahlreiche kleine Retuschen, zu erkennen an den nicht mehr in der Verkleidung integrierten Blinkern. Bis 1999 konnten von der neuen Modellreihe 51405 Einheiten verkauft werden und somit war die F ein Riesenerfolg. ■

AUF EINEN BLICK	
Motor	Viertakt, Einzylinder, wassergekühlt
Bohrung x Hub	100 x 83 mm
Hubraum	652 cm³
Leistung	48/34 PS (35/25 kW) bei 6.500/5.700 U/min
Drehmoment	57/48 Nm bei 5.200/4.200 U/min
Gemischbildung	2 Gleichdruckvergaser, Mikuni 33mm
Antrieb	5-Gang, Kette
Ventiltrieb	dohc
Reifen	100/90-19 57 S, 130/80-17 65 S
Sitzhöhe	800/810 mm
Tankinhalt	17,5 l
Leergewicht (vollgetankt)	191 kg
Höchstgeschwindigkeit	163/145 km/h

R 1100 R

R 1100 R: Klassischer Roadster im zeitlosen Design

AUF EINEN BLICK	
Motor	Viertakt, Zweizylinder-Boxer, luft-/ölgekühlt
Bohrung x Hub	99 x 70,5 mm
Hubraum	1.085 cm³
Leistung	80/78 PS (59/58 kW) bei 6.750/6.500 U/min
Drehmoment	97 Nm bei 5.250 U/min
Gemischbildung	elektronische Einspritzung, Bosch Motronic MA 2.2
Antrieb	5-Gang, Kardan
Ventiltrieb	hc
Reifen	120/70 ZR 17, 160/60 ZR 18
Kreuzspeiche	110/80 ZR 18, 150/70 ZR 17
Sitzhöhe	760/780/800 mm
Tankinhalt	21 l
Leergewicht (vollgetankt)	235 kg
Höchstgeschwindigkeit	197 km/h

Nach den Markteinführungen der R 1100 RS und R 1100 GS war die R 1100 R im Herbst 1994 zusammen mit dem kleinen Parallelmodell R 850 R das dritte Modell der neuen Boxer-Generation, das BMW auf den Markt brachte. Die Roadster verkörperte das Motorrad pur und reihte sich als Nachfolgerin der R 80/100 in die Tradition der nackten Boxer-Typen ein. Die beiden Modelle besaßen bis auf den Hubraumunterschied die identische Technik. Selbstverständlich waren Para- und Telelever ebenfalls vorhanden. Allerdings konnte der Ölkühler nicht wie bei der RS und GS in die Fahrzeugfront integriert werden. Statt dessen saßen zwei kleinere Exemplare rechts und links ober-

halb der Zylinder. Optional konnten Kreuzspeichen-Räder geordert werden. Anfänglich wirkte die gesamte Front mit ihrem „schwebenden" Scheinwerfer insgesamt etwas unstimmig und polarisierte die Fangemeinde. Dies änderte sich 1997 mit einem Facelift, bei dem neue Instrumente und ein schöner Chrom-Scheinwerfer mit neuer Halterung zum Einsatz kamen. Bereits 1998 gab es eine weitere Aufwertung der Roadster-Modelle mit Chrom und Silberlack an vielen Teilen. Bestens zu erkennen sind diese Modelle an den in Weißalu lackierten Blinker-Einfassungen. Die klassische Roadster-BMW war sehr beliebt und wurde für 16 500 DM insgesamt 26 073-mal verkauft. ■

1994–2002   R 850 R

Parallel zur R 1100 R bot BMW noch die kleinere Roadster-Version mit 850-Kubikzentimeter-Boxer an. Die zehn PS weniger Leistung spielten im Alltag zwar keine Rolle, dennoch galt die R 850 R als nicht so prestigeträchtig wie die 1100er-Roadster. Der Zielkundschaft dieses Motorrades war das aber meist egal. Besonders Frauen und Fahranfänger mit Stufenführerschein unter den insgesamt 29 209 Käufern griffen nicht nur gezwungenermaßen, sondern auch gerne zum 850er-Modell mit 34 PS (optional). Der kleine Boxer lief nämlich wesentlich harmonischer und kultivierter als sein großer Bruder. In der 70-PS-Version war der Leistungsunterschied, wenn es nicht gerade

mit zwei Personen und Gepäck in die Alpen ging, fast nicht wahrnehmbar. Und so machte das entspannte Surfen zum Preis von 18 200 DM auf kleinen Landstraßen mit der R 850 R richtig Spaß.

1997 kamen auch der R 850 R alle Facelift-Modifikationen der R 1100 R zugute. Fortan fanden sich auch hier der neue schöne Chrom-Scheinwerfer in einer neuen Halterung und edlere Instrumente. Eine weitere Aufwertung fand parallel zur 1100er in Form von Chromapplikationen, Sonderlack und Blinker-Einfassungen in Weißalu statt. ∎

Kleiner Roadster mit harmonischer Leistungsentfaltung

AUF EINEN BLICK	
Motor	Viertakt, Zweizylinder-Boxer, luft-/ölgekühlt
Bohrung x Hub	87,8 x 70,5 mm
Hubraum	848 cm³
Leistung	70/34 PS bei 7.000/5.000 U/min
Drehmoment	77/60 Nm bei 5.600/3.000 U/min
Gemischbildung	elektronische Einspritzung, Bosch Motronic MA 2.2
Antrieb	5-Gang, Kardan
Ventiltrieb	hc
Reifen	110/80 R 19 59H, 150/70 H 69H
Sitzhöhe	760/800 mm
Tankinhalt	20,5 l
Leergewicht (vollgetankt)	218 kg
Höchstgeschwindigkeit	187 km/h

R 100 GS | Paris–Dakar Classic | 1994–1996

Die PD Classic ist wohl eine der schönsten GS, die je gebaut wurde.

AUF EINEN BLICK	
Motor	Viertakt, Zweizylinder-Boxer, luftgekühlt
Bohrung x Hub	94 x 70,6 mm
Hubraum	980 cm³
Leistung	60 PS (44 kW) bei 6.500 U/min
Drehmoment	76 Nm bei 3.750 U/min
Gemischbildung	2 Gleichdruckvergaser Bing 94/40/123-94/40/124
Antrieb	5-Gang, Kardan
Ventiltrieb	ohv
Reifen	90/90 T 21, 130/80 T 17
Sitzhöhe	850 mm
Tankinhalt	35 l
Leergewicht (vollgetankt)	236 kg
Höchstgeschwindigkeit	180 km/h

Als Hommage an die glanzvolle Karriere der Zweiventil-Boxer, deren Verschwinden vom Markt unmittelbar bevorstand, schenkte BMW den Fans ab 1994 noch im Zuge der Classic-Serie (R 100 R Classic, R 100 RT Classic) eine wunderschöne R 100 GS Paris–Dakar Classic in edlem Schwarz-Silber-Chrom-Look. Als i-Tüpfelchen erhielt die PD Classic runde Ventildeckel, die an die alten Boxer erinnerten und Classic-Fans begeisterte. Selbstverständlich könnte man argumentieren, dass ein wenig Farbe im Zuge einer Sonderserie kein eigenständiges Modell darstellt und eine eigene Präsentation dieses Fahrzeuges nicht rechtfertigt. In Anbetracht der Bedeutung dieser letzten Classic-Serie, speziell für die Fans der Zweiventiler, sei diese separate Auflistung aber gestattet. Eine PD Classic im Topzustand mit wenig Kilometern Laufleistung erreicht heute schon horrende Liebhaberpreise und wird künftig vermutlich wieder in die Nähe des damaligen Neupreises von 17950 DM kommen. ∎

1994–1999

R 1100 GS

Nach der Präsentation im September 1993 war es 1994 dann so weit: Die sensationell neue R 1100 GS kam auf den Markt und trat die Nachfolge der legendären und überaus beliebten R 100 GS an. Ein, trotz oder eben wegen der vielen neuen Technik, nicht ganz leichtes Erbe. Anfänglich gab es viele Skeptiker, die die Fernreisequalitäten der Zweiventil-GS nicht in der modernen 1100-Kubikzentimeter-Enduro vertreten sahen. Auch das Erscheinungsbild wurde anfänglich oft mit Playmobil-Design und Entenschnabel-Look inklusive Busscheinwerfer verspottet. Ein Glück für BMW war, dass sich diese teilweise ablehnende Haltung nicht in den Absatzzahlen niederschlug. Im Gegenteil, die neue GS war sehr populär und erreichte mit 39 842 verkauften Exemplaren eine beachtliche

Stückzahl. Der Motor wurde von der RS übernommen aber für die GS mehr auf Drehmoment und Durchzug ausgelegt, er leistete zehn PS weniger. Für das Modelljahr 1995 wurde der Kunststofftank gegen einen aus Stahlblech getauscht. Der Grundpreis von 17450 DM hatte eigentlich nur auf dem Papier bestand, da fast jede GS mit den obligatorischen Sonderausstattungen wie ABS, FID (Fahrer-Informations-Display) im Cockpit, Heizgriffen und BMW-Systemkoffern ausgerüstet das Werk verließ. Kurz vor der Ablösung durch die 1150er erhielt die 1100er 1998 noch umfangreiche Modellpflege. Das Wichtigste war hier wohl der Einbau der neuen Anti-Blaurauchkolben, die verhinderten, dass die GS, besonders nach dem Start, auffallend stark aus dem Auspuff qualmte. ■

AUF EINEN BLICK	
Motor	Viertakt, Zweizylinder-Boxer, luft-/ölgekühlt
Bohrung x Hub	99 x 70,5 mm
Hubraum	1.085 cm^3
Leistung	80/78 PS (59/58 kW) bei 6.750/6.500 U/min
Drehmoment	97 Nm bei 5.250 U/min
Gemischbildung	elektronische Einspritzung, Bosch Motronic MA 2.2
Antrieb	5-Gang, Kardan
Ventiltrieb	hc
Reifen	110/80 H 19 TL, 150/70 H 17 TL
Sitzhöhe	840/860 mm
Tankinhalt	25/24 l
Leergewicht (vollgetankt)	243 kg
Höchstgeschwindigkeit	195 km/h

R 1100 RT

Erste Vierventil-RT und sehr beliebt: die R 1100 RT

AUF EINEN BLICK	
Motor	Viertakt, Zweizylinder-Boxer, luft-/ölgekühlt
Bohrung x Hub	99 x 70,5 mm
Hubraum	1.085 cm³
Leistung	90 PS (66 kW) bei 7.250 U/min
Drehmoment	95 Nm bei 5.500 U/min
Gemischbildung	elektronische Einspritzung, Bosch Motronic MA 2.2
Antrieb	5-Gang, Kardan
Ventiltrieb	hc
Reifen	120/70 ZR 17, 160/60 ZR 18
Sitzhöhe	780/800/820 mm
Tankinhalt	26 l
Leergewicht (vollgetankt)	282 kg
Höchstgeschwindigkeit	196 km/h

Neben den Modellen RS, GS und Roadster rundete die R 1100 RT die neue Boxer-Modellpalette nach oben hin ab. Hinter der beeindruckenden Tourenverkleidung, die sehr aerodynamisch geformt war, ging es auf Langstrecken äußerst komfortabel zu. Die Sitzhöhe ließ sich in drei Stufen verstellen, das Windschild funktionierte elektrisch und die Hände konnte man durch eine spezielle Warmluftführung anstrahlen lassen. Darüber hinaus war bei der RT das ABS serienmäßig an Bord. Selbstverständlich konnte man bei der RT auch in Bezug auf die Extras aus dem Vollen schöpfen. Als Sonderausstattung (ab Werk) gab es noch ein Radio, Heizgriffe und eine Steckdose. Als weiteres Sonderzubehör (Anbau vom Händler) konnte man noch eine Diebstahlwarnanlage, eine weitere Steckdose, Zylinderschützer oder ein Topcase ordern. Das BMW Koffersystem war bei der RT ab Werk dabei. Die neue RT fand von Anfang an eine riesige Fangemeinde und wurde 54 751-mal verkauft. Da konnte auch der hohe Einstiegspreis von 24 500 DM nicht schocken. ∎

R 80 GS Basic: Die letzte Zweiventil-GS, ein Sammlerstück

Die 1994 präsentieren Classic-Editionen der Modelle R 100 R, R 100 RT und R 100 GS Paris–Dakar sollten eigentlich den Endpunkt der klassischen Zweiventil-Boxer markieren. Und so war die Öffentlichkeit überrascht, als 1996 doch noch einmal eine neue Zweiventil-GS auf den Markt kam. Obwohl die Vierventil-Generation in Form der revolutionären R 1100 GS bereits seit 1994 verfügbar war, löste die R 80 GS Basic Begeisterung aus. Die war die allerletzte Hommage an die erste GS von 1980 mit der Technik der Paralever-Generation von 1987. Diese Kombination machte die Basic auf winkeligen Landstraßen sehr agil und schnell. Speziell für Südafrika wurde das Mo-dell Kalahari angeboten. Hierbei kam der alte 32-Liter-Paris–Dakar-Tank der ersten Generation zum Einsatz. Die Basic verkaufte sich trotz des hohen Basispreises (ohne Sonderausstattung) von 15 500 DM extrem gut und ist heute im guten Zustand als letztes Modell der alten Boxer-Generation ein begehrtes Sammlerobjekt. BMW hatte von der Zweiventil-Boxermodellen seit 1923 weltweit 685 830 Stück verkauft. Diese Ära fand in der R 80 GS Basic ihr Ende. ■

AUF EINEN BLICK	
Motor	Viertakt, Zweizylinder-Boxer, luftgekühlt
Bohrung x Hub	84,8 x 70,6 mm
Hubraum	797,5 cm³
Leistung	50 PS (37 kW) bei 6.500 U/min
Drehmoment	61 Nm bei 3.750 U/min
Gemischbildung	2 Gleichdruckvergaser Bing 64/32/349–64/32/350
Antrieb	5-Gang, Kardan
Ventiltrieb	ohv
Reifen	90/90 S 21, 130/80 S 17
Sitzhöhe	860 mm
Tankinhalt	19,5 l (Kalahari 32 l)
Leergewicht (vollgetankt)	209 kg
Höchstgeschwindigkeit	168 km/h

F 650 ST

*Straßenversion der Funduro
F 650, die F 650 ST*

AUF EINEN BLICK	
Motor	Viertakt, Einzylinder, wassergekühlt
Bohrung x Hub	100 x 83 mm
Hubraum	652 cm³
Leistung	48/34 PS (35/25 kW) bei 6.500/5.700 U/min
Drehmoment	57/48 Nm bei 5.200/4.200 U/min
Gemischbildung	2 Gleichdruckvergaser, Mikuni 33mm
Antrieb	5-Gang, Kette
Ventiltrieb	dohc
Reifen	100/90-19 56 S, 130/80-17 65 S
Sitzhöhe	785/735 mm
Tankinhalt	17,5 l
Leergewicht (vollgetankt)	191 kg
Höchstgeschwindigkeit	163/145 km/h

In alter Tradition der BMW-Modellpolitik erhielt auch die neue F 650-Enduro eine straßenorientierte Version zur Seite gestellt. Die F 650 ST war mit einem 18-Zoll Vorderrad und Straßenprofilbereifung ausgestattet. Die Verkleidung unterschied sich leicht von der Enduro-Version und der Lenker war etwas schmaler gehalten. Die Sitzhöhe fiel durch den geringeren Federweg etwas tiefer aus und konnte mit einem Tieferlegungssatz noch weiter, auf 735 Millimeter, verringert werden. Dies kam vor allem kleineren Fahrern und Frauen sehr entgegen. Allerdings war der Fahrkomfort in dieser niedrigsten Version dann eher als sehr bescheiden zu bezeichnen. Die ST erfreute sich, schon fast traditionell, bei weitem nicht so großer Beliebtheit, wie die Enduro und wurde demnach auch nur mit 12 934 Stück zum Preis von 11 950 DM unter das Volk gebracht. Wie für die Enduro, konnte man auch für die ST optional einen ungeregelten Katalysator ordern. ∎

Der erste Cruiser von BMW wurde 1997 präsentiert und hieß R 1200 C. Die Idee für das Konzept entstand bereits 1993 und ein Jahr später wurde mit der Entwicklung begonnen. Die C traf genau in den Ende der Neunziger Jahre aufstrebenden Chopper- und Cruisermarkt. Selbstverständlich musste eine BMW auch eine BMW bleiben und daher wurde eine völlig eigenständige Interpretation des Themas angeboten. Bekannt wurde der Cruiser weltweit durch seine Filmrolle im damals aktuellen James Bond-Film „Der Morgen stirbt nie". Im Laufe der Bauzeit wurden zahlreiche Sondermodelle und -ausführungen der C gebaut. Die im Graphit-Look

(Rahmen und Fahrwerk) gehaltene Aventgarde wurde im Jahr 2000 eingeführt. Ein Jahr später kam die charakteristische Independent mit kleiner Cockpitscheibe und auffälliger Lackierung. 2003 folgte das Modell Montauk mit Doppelzündung und dem optionalen Vollintegral-ABS. Da diese Version des Boxer-Motors in Bezug auf Umweltauflagen nicht mehr zukunftsfähig war, stellte BMW bereits 2004 die Produktion ein. Die vorproduzierten Modelle reichten jedoch noch, um die Kundennachfrage im Jahr 2005 zu bedienen. Serienmäßig mit geregeltem Katalysator ausgerüstet, betrug der Preis zur Markteinführung 24 400 DM. ■

Dem BMW Cruiser trauert die Fangemeinde heute noch hinterher.

AUF EINEN BLICK	
Motor	Viertakt, Zweizylinder-Boxer, luft-/ölgekühlt
Bohrung x Hub	101 x 73 mm
Hubraum	1.170 cm³
Leistung	61 PS (45 kW) bei 5.000 U/min
Drehmoment	98 Nm bei 3.000 U/min
Gemischbildung	elektronische Einspritzung, Bosch Motronic MA 2.4
Antrieb	5-Gang, Kardan
Ventiltrieb	hc
Reifen	100/90 ZR 18, 170/80 ZR 15
Sitzhöhe	740 mm
Tankinhalt	17,5 l
Leergewicht (vollgetankt)	236 kg
Höchstgeschwindigkeit	168 km/h

K 1200 RS

Die K 1200 RS war die erste BMW mit über 100 PS

AUF EINEN BLICK	
Motor	Viertakt, Vierzylinder-Reihe, wassergekühlt
Bohrung x Hub	70,5 x 75 mm
Hubraum	1.171 cm³
Leistung	130/98 PS (96/72 kW) bei 8.750/7.000 U/min
Drehmoment	117/118 Nm bei 6.750/5.500 U/min
Gemischbildung	elektronische Einspritzung, Bosch Motronic MA 2.4
Antrieb	6-Gang, Kardan
Ventiltrieb	dohc
Reifen	120/70 ZR 17, 180/55 ZR 17
Sitzhöhe	770/800 mm
Tankinhalt	20,5 l
Leergewicht (vollgetankt)	285 kg
Höchstgeschwindigkeit	245/225 km/h

Der Markteinführung 1997 war Ende 1996 die Präsentation der neuen K 1200 RS vorausgegangen. Aufsehen erregend war vor allem die Leistung, die mit 130 PS erstmals in der BMW-Motorrad-Geschichte die 100 PS Marke übersprang. Für Deutschland und Frankreich gab es allerdings eine 98 PS Version. Um dem mit jeder Leistungssteigerung zunehmenden Vibrationsproblem des K-Motors Herr zu werden, wurde für die K 1200 RS ein völlig neuer Aluminiumgußrahmen als Verbindung zwischen Telelever und Paralever konstruiert. Der Motor hing schwingungsentkoppelt dazwischen und konnte für mehr Schräglagenfreiheit drei Zentimeter höher positioniert werden. Die hydraulische Vierkolbenbremsanlage war serienmäßig mit ABS ausgestattet und für das Umweltgewissen gab es zwei Dreiwege-Metall-Katalysatoren. Ebenfalls neu waren die schönen Räder im Fünf-Doppelspeichen-Design. Fahrkomfort wurde bei der RS von Anfang an groß geschrieben. So gab es nicht nur ein neues fein gestuftes und weich zu schaltendes Sechsgang-Getriebe und besseres Licht durch den Tandem-Scheinwerfer, sondern auch ergonomisch einstellbare Lenkerhälften, Sitzbank und Fußrasten. Zur Komplettierung der Reiseausstattung konnte man die RS mit Heizgriffen, Koffern und Diebstahl-Warnanlage ordern. 2001 erhielt die K 1200 RS ein umfangreiches Facelift, bei der die Verkleidung und die Bremsanlage (teilintegral) überarbeitet wurden. Zur Markteinführung kostete die RS 27 400 DM. ■

Vom Erfolg der R 1200 C ermutigt, präsentierte BMW 1998 den kleinen Cruiser R 850 R. Die beiden Modelle waren kaum von einander zu unterscheiden. Lediglich eine kleine Plakette mit der Modellbezeichnung unterhalb des Tanks und der Preisunterschied von 1000 DM verriet die 50-PS-Ausgabe des Cruisers. Wie die große C konnte natürlich auch die kleine optional mit ABS und BMW typischer Sonderausstattung und Zubehör aufgerüstet werden. Bei beiden Modellen konnte zudem der Soziussitzplatz hochgeklappt als Rückenlehne für den Fahrer genutzt werden. Sehr ausgeprägt war auch das spezielle Angebot für C-Fahrer in den Bereichen Fahrerausstattung und Accessoires. Vom Cruiser-Helm mit passender Brille über Lederanzüge, Handschuhe, Stiefel bis hin zum Feuerzeug und zur Taschenuhr gab es alles abgestimmt für den Fan. Zum Basispreis von 23 400 DM nicht gerade ein Schnäppchen, fand die kleine C dennoch 1505 Käufer. ∎

AUF EINEN BLICK	
Motor	Viertakt, Zweizylinder-Boxer, luft-/ölgekühlt
Bohrung x Hub	87,8 x 70,5 mm
Hubraum	848 cm³
Leistung	50 PS (37 kW) bei 5.250 U/min
Drehmoment	71 Nm bei 4.750 U/min
Gemischbildung	elektronische Einspritzung, Bosch Motronic MA 2.4
Antrieb	5-Gang, Kardan
Ventiltrieb	hc
Reifen	100/90 18 56 H, 170/80 B15 83 H
Sitzhöhe	740 mm
Tankinhalt	17 l
Leergewicht (vollgetankt)	193 kg
Höchstgeschwindigkeit	155 km/h

R 850 GS

Ruckelfreie und harmonischere Boxer-GS: R 850 GS

AUF EINEN BLICK	
Motor	Viertakt, Zweizylinder-Boxer, luft-/ölgekühlt
Bohrung x Hub	87,8 x 70,5 mm
Hubraum	848 cm^3
Leistung	70/34 PS (52/25 kW) bei 7.000/5.000 U/min
Drehmoment	77 Nm bei 5.500 U/min
Gemischbildung	elektronische Einspritzung, Bosch Motronic MA 2.2
Antrieb	5-Gang, Kardan
Ventiltrieb	hc
Reifen	110/80 R 19 59H, 150/70 R 17 69H
Sitzhöhe	840/860 mm
Tankinhalt	24 l
Leergewicht (vollgetankt)	243 kg
Höchstgeschwindigkeit	187 km/h

Nach vier Jahren Marktpräsenz der 1100-Kubikzentimeter-GS schob BMW die kleine R 850 GS nach. Bis auf den geringeren Hubraum war die kleine GS technisch völlig identisch mit der großen Schwester. Da die R 1100 GS in den letzten Jahren stetig in vielen Details sinnvoll weiterentwickelt wurde, profitierte die R 850 GS davon und kam als technisch sehr ausgereifte Maschine auf den Markt. Zwar hat der kleine Boxer zehn PS weniger Leistung als die großen, aber für viele Eigentümern wird dieser Umstand durch einen runderen Motorlauf und eine harmonischere Leistungsentfaltung mehr als wett gemacht. Das bei 1100-Kubikzentimeter-Boxer-

Fahrern so gefürchtete Konstant-fahrruckeln (KFR) kannten die Eigner einer R 850 GS ebenfalls nicht. So konnte in diesem Fall weniger mehr sein und genau deshalb fand die R 850 GS auch ihre kleine, aber treue Fangemeinde, die die GS zum Grundpreis von 18 750 DM zuzüglich Extras immerhin 2 242-mal kauften. ■

1998–2005 | R 1100 S

Im September 1998 brachte BMW den Sportboxer R 1100 S auf den Markt. Um dem sportlichen Auftritt mit Halbschalen-Verkleidung mit Ellipsoid-Scheinwerfer und hoch verlegte Auspuffanlage gerecht zu werden, presste BMW 98 PS aus dem Boxermotor und verbaute ein neues Sechsgang-Getriebe. Um das Fahrverhalten agil zu machen, verwendete BMW einen gewichtsoptimierten Telelever. Auch die 17-Zoll-Leichtmetallräder trugen zur Reduzierung der bewegten Massen bei und waren optional auch mit 180er-Reifen hinten zu ordern. Obwohl die S-BMW im Vergleich zur japanischen Konkurrenz durchaus liebevoll als kleines Pummelchen bezeichnet werden darf, löste sie dennoch Begeiste-rung bei den Fans aus und wurde schon bald organisiert auf der Rennstrecke bewegt. Diese Aktivitäten reiften 2001 zum offiziell von BMW unterstützen BoxerCup und brachte 2002 die wohl schönste S aller Zeiten hervor, die R 1100 S Boxer Cup Replika. Insgesamt verkaufte sich diese sportliche BMW auch deshalb so gut (30 235 Stück), weil sie eben nicht kompromisslos gebaut worden war. Sie besaß alle Breitbandeigenschaften, die sich fast jeder BMW-Fahrer wünscht. Wenn man bereit war, 11 500 Euro auszugeben, konnte man mit dem Sportler jederzeit mit Sozia und Koffer in den Urlaub fahren. Mit warmen Fingern durch die Griffheizung und sicher durch das Teilintegral-ABS. ∎

BMW R 1100 S BoxerCup Replika mit „Randy Mamola"-Signatur auf dem Tank

AUF EINEN BLICK	
Motor	Viertakt, Zweizylinder-Boxer, luft-/ölgekühlt
Bohrung x Hub	99 x 70,5 mm
Hubraum	1.085 cm³
Leistung	98 PS (72 kW) bei 7.500 U/min
Drehmoment	97 Nm bei 5.750 U/min
Gemischbildung	elektronische Einspritzung, Bosch Motronic MA 2.4
Antrieb	6-Gang, Kardan
Ventiltrieb	hc
Reifen	120/70 ZR 17, 170/60 ZR 17 (180/55 ZR 17)
Sitzhöhe	800 mm
Tankinhalt	18 l
Leergewicht (vollgetankt)	229 kg
Höchstgeschwindigkeit	222 km/h

K 1200 LT

7er-BMW unter den Motorrädern: der Luxustourer K 1200 LT

AUF EINEN BLICK	
Motor	Viertakt, Vierzylinder-Reihe, wassergekühlt
Bohrung x Hub	70,5 x 75 mm
Hubraum	1.171 cm³
Leistung	116 PS (85 kW) bei 8.000 U/min
Drehmoment	120 Nm bei 5.250 U/min
Gemischbildung	elektronische Einspritzung, Bosch Motronic MA 2.4
Antrieb	5-Gang, Kardan
Ventiltrieb	dohc
Reifen	120/70 ZR 17, 160/60 ZR 17
Sitzhöhe	770/800 mm
Tankinhalt	24 l
Leergewicht (vollgetankt)	387 kg
Höchstgeschwindigkeit	über 200 km/h

Die K 1100 LT, die im Zuge ihrer Bauzeit fast die gesamten 90er-Jahre abgedeckt hatte, ging mit dem Erscheinen der neuen K 1200 LT in den wohlverdienten Ruhestand. War die K 1100 LT noch ein komfortables Tourenmotorrad, so stellte die K 1200 LT den ultimativen Luxustourer dar. Von BMW auch als 7er (Auto) unter den Motorrädern bezeichnet, war sie klar eine Luxus-Klasse höher positioniert. Gründlich überarbeitet wurde der Motor aus der K 1200 RS als kraftvoller Antrieb übernommen. Um den Komfort auf langen Autobahnetappen zu steigern, war der fünfte Gang des neu entwickelten Getriebes zur Absenkung der Motordrehzahl als Overdrive ausgelegt. Das hohe Drehmoment von 120 Newtonmetern liegt bereits bei

5 250 Umdrehungen an und garantierte so ein entspanntes Gleiten. Um den im voll beladenen Zustand nicht selten über 500 Kilogramm wiegenden Koloss noch einigermaßen sicher rangieren zu können, besitzt die LT eine Rückfahrhilfe, die über den E-Starter bedient wird. Das Topcase und das Koffersystem sind als Bestandteil der Karosserie integriert und nicht abnehmbar. Serienmäßig mit verstellbaren Windschild und Soundsystem ausgestattet, ist die optionale Sonderausstattungs- und Sonderzubehörliste noch lange nicht zu Ende. Von der Sitzheizung, über den CD-Wechsler und der Gegensprechanlage bis hin zur Diebstahlwarnanlage ist alles zu bekommen. Der Grundpreis von 20 550 Euro lässt sich so rasch erheblich steigern. ■

R 1150 GS: Hier ein Modell Bau-jahr 2000 in Mandarin

Im Herbst 1999 setzte BMW die GS-Erfolgsgeschichte mit der R 1150 GS fort. Bis dato wurden 115 000 BMW GS verkauft. Sofort fiel das neue Gesicht mit dem Ellipsoid-Doppelscheinwerfer auf. Die neu gezeichnete obere Radabdeckung verband die Fahrzeugfront nun noch dynamischer mit dem Tank und bildete eine harmonischere Seitenlinie. Zur Verbesserung des Handlings wurde der leichtere Telelever von der R 1100 S verwendet. Auch die Zylinderköpfe, das Motormanagement und die Kurbelwelle wurden von dem Sportboxer übernommen. Der Motor erhielt dadurch nicht nur mehr Hubraum, sondern auch fünf PS mehr Leistung. Gleichzeitig wurde der Drehmomentverlauf insgesamt fülliger. Das neue Getriebe, ebenfalls auf Basis der

1100 S, wurde mit einem Sechs-gang-Overdrive für komfortables Touren abgestimmt. Ab 2001 konnte optional auch ein kurzer erster Gang für Geländefahrten geordert werden. Parallel dazu gab es ein Sportgetriebe mit normaler Auslegung der letzten Gangstufe. Die Kupplung wurde hydraulisch betätigt, der neue Auspuff beheimatete serienmäßig einen geregelten Katalysator. Meist trifft man heute auf vollausgestattete Modelle. Im letzten Jahr vor der Ablösung durch die R 1200 GS erhielt die 1150er das Integral-ABS mit Bremskraftverstärker und das Gemisch wurde mit zwei Zündkerzen pro Brennraum gezündet. Für 19 890 DM bei Markteinführung und 10 950 Euro 2003 verkaufte sich die R 1150 GS mit 58 023 Einheiten extrem erfolgreich. ∎

AUF EINEN BLICK	
Motor	Viertakt, Zweizylinder-Boxer, luft-/ölgekühlt
Bohrung x Hub	101 x 70,5 mm
Hubraum	1.130 cm³
Leistung	85 PS (62 kW) bei 6.750 U/min
Drehmoment	98 Nm bei 5.250 U/min
Gemischbildung	elektronische Einspritzung, Bosch Motronic MA 2.4
Antrieb	6-Gang, Kardan
Ventiltrieb	hc
Reifen	110/80 R 19, 150/70 R 17
Sitzhöhe	840/860 mm
Tankinhalt	22 l
Leergewicht (vollgetankt)	249 kg
Höchstgeschwindigkeit	195 km/h

F 650 GS

Hochmoderner Einzylinder:
F 650 GS, Jahrgang 2005

AUF EINEN BLICK	
Motor	Viertakt, Einzylinder, wassergekühlt
Bohrung x Hub	100 x 83 mm
Hubraum	652 cm³
Leistung	50/34 PS (37/25 kW) bei 6.500/5.500 U/min
Drehmoment	60/51 Nm bei 4.800/4.000 U/min
Gemischbildung	elektronische Saugrohreinspritzung
Antrieb	5-Gang, Kette
Ventiltrieb	dohc
Reifen	100/90 S 19, 130/80 S 17
Sitzhöhe	820/780/750 mm
Tankinhalt	17,3 l
Leergewicht (vollgetankt)	192 kg
Höchstgeschwindigkeit	145/170 km/h

Die Vergaser-F 650 hatte den Weg für die neue Einzylinder-Generation aus dem Hause BMW geebnet. Nun war die Zeit reif für den nächsten Entwicklungsschritt in Form der F 650 GS. Sie war der erste Einzylinder mit Benzineinspritzung, elektronischem Motormanagement und geregeltem Dreiwege-Katalysator. Ebenfalls eine Besonderheit im Einzylinder-Segment war das optional erhältliche ABS, das zu fast 100 Prozent von den Käufern geordert wurde. Ein auffälliges Detail war auch die Tankposition unter der Sitzbank. Dies führte nicht nur zu einem günstigen Schwerpunkt, sondern man brauchte beim Tanken auch nie einen eventuell vorhandenen Tankrucksack abnehmen. Im Fahrbetrieb fiel sofort der extrem ruhig und elastisch laufende Motor auf.

Der in der hauseigenen Tuning-Edelschmiede M-Technik optimierte Zylinderkopf führte zu einem Motorlauf, der dem eines Reihen-Zweizylinders in der Laufkultur fast ebenbürtig war. Natürlich konnte man die kleine GS auch mit Heizgriffen, einem pfiffigen Koffer-Variosystem (größenverstellbar) und vielen weiteren Sonderausstattungen und Extras für die große Urlaubsreise ausrüsten. 2004 wurde ein Facelift durchgeführt, das durch eine Doppelzündung („2 Spark"-Schriftzug auf Motorgehäusedeckel) und leichte Retuschen an der Verkleidung und Cockpiteinheit zu erkennen war. Bis 2007 verkaufte sich die F 650 GS ausgesprochen gut und war mit 7 540 Euro auch preiswert in der Anschaffung. ∎

Der C 1: das vermeintliche Stadtfahrzeug der Zukunft

Als revolutionäres und visionäres, zweirädriges Fortbewegungskonzept für den Stadtverkehr, so oder so ähnlich stellte sich BMW die Zukunft zumindest teilweise vor, als im neuen Millenium der C 1 präsentiert wurde. Eine Studie hatte es bereits Jahre zuvor schon gegeben, dennoch glaubte kaum jemand an die tatsächliche Umsetzung dieses Gefährtes. Doch BMW, immer für eine Überraschung gut, ließ den C1 bei Bertone in Italien bauen. Durch das Überrollkäfigkonzept und die Anschnallgurte waren C 1-Fahrer in Deutschland von der Helmpflicht befreit. Dies war auch ein wichtiges Entwicklungsziel gewesen. Ebenso, dass alle Autoführerscheininhaber, die ihre Fahr-erlaubnis vor dem 01.04.1980 erhalten hatten, den C 1 125 fahren durften. Im Jahr 2001 schob BMW den C 1 200 nach und steigerte so die Höchstgeschwindigkeit mit 18 PS Leistung auf flotte 112 km/h. Wirklich ungünstig war der Soziusplatz hinter der Sicherheitskabine im Freien, auf dem Helmpflicht bestand und ein entkoppeltes Sitzgefühl generierte. Zu Preisen von 5 290 und 5 540 Euro verkauften sich die C 1 zirka 30 000 mal und haben heute, wie viele Exoten in der Zweiradwelt, eine feste Fangemeinde, die das Konzept verteidigt. ∎

AUF EINEN BLICK	
Motor	Viertakt, Einzylinder, wassergekühlt
Bohrung x Hub	56,4 x 50 / 62,0 x 58,4 mm
Hubraum	125/176 cm³
Leistung	15/18 PS (11/13 kW) bei 9.250/8.500 U/min
Drehmoment	12/17 Nm bei 6.500 U/min
Gemischbildung	elektronische Einspritzung
Antrieb	stufenloses Riemengetriebe
Ventiltrieb	dohc
Reifen	120/70 - 13, 140/70 - 12
Sitzhöhe	701 mm
Tankinhalt	9,7 l
Leergewicht (vollgetankt)	185 kg
Höchstgeschwindigkeit	103/112 km/h

F 650 GS Dakar 2000–2007

F 650 GS Dakar (2002) in Desertblue-Auraweiß-Lackierung

AUF EINEN BLICK	
Motor	Viertakt, Einzylinder, wassergekühlt
Bohrung x Hub	100 x 83 mm
Hubraum	652 cm³
Leistung	50/34 PS (37/25 kW) bei 6.500/5.500 U/min
Drehmoment	60/51 Nm bei 4.800/4.000 U/min
Gemischbildung	elektronische Saugrohreinspritzung
Antrieb	5-Gang, Kette
Ventiltrieb	dohc
Reifen	90/90 S 21, 130/80 S 17
Sitzhöhe	870/830 mm
Tankinhalt	17,3 l
Leergewicht (vollgetankt)	193 kg
Höchstgeschwindigkeit	145/170 km/h

Traditionell stellte BMW der zivilen Enduro-GS eine Abenteuer-Version mit der Bezeichnung Dakar zur Seite. Die Unterschiede lagen in verlängerten Federwegen mit 210 Millimeter vorne und hinten (F 650 GS 170/165 mm) und dem 21-Zoll-Vorderrad, das die Geländetauglichkeit der GS wesentlich verbesserte. Anfänglich gab es die Dakar aber genau wegen dieses Vorderrades nicht mit dem optionalen ABS, da die Steuerelektronik für das 19-Zoll-Rad der normalen GS ausgelegt war. Dies änderte sich aber, als BMW in Anlehnung an die Erfolge bei der Rallye Paris–Dakar 2002 eine leicht modifizierte F auf den Markt brachte. Das Modell in

den Farben Desertblue und Auraweiß darf wohl als eine der schönsten je gebauten BMW-Einzylinder-Enduro gelten. Wie das Basismodell ließ sich natürlich auch die Dakar komplett ab Werk ausstatten. 2004 erfährt auch sie ein leichtes Facelift und erhielt eine leicht geänderte Verkleidung samt Cockpiteinheit. Mit 8 150 Euro in der Grundausstattung war die Dakar preislich nicht weit von der normalen GS entfernt. ∎

Im Jahr 1993 hatte die R 1100 RS die neue Vierventil-Boxer-Ära eingeläutet. Im Jahr 2001 war es nur die vorhersehbare Konsequenz, dass auch die RS im Zuge einer Modellpflege mit dem 1150-Kubikzentimeter-Motor ausgestattet wurde. Insgesamt waren die technischen Modifikationen wesentlich größer, wie die nur sanft retuschierte Optik vermuten lies. Die R 1150 RS erhielt ebenfalls die Evo-Bremse mit Integral-ABS und Bremskraftverstärker. Auch das neue Sechsgang-Getriebe und die Antriebseinheit wurde von den anderen 1150er-Boxer-Modellen übernommen. Desweiteren entnahm man die Auspuffanlage der R 1150 RT und montierte sie an die RS. Die Lenker-Armaturen und Fußrastenanlage stammten von dem Sportboxer R 1100 S. Auf diesem Wege erhielt man eine große Bauteilgleichheit unter den verschiedenen Modellen. Insgesamt blieb aber der typische RS-Charakter erhalten und 7 305 Käufer honorierten dies auch mit 12 100 Euro. Die Maschine blieb, was sie schon immer gewesen ist, ein grundsolides Tourenmotorrad ohne große Schwächen. ∎

Eigenwilliger Tourensportler mit fester Fangemeinde: die R 1150 RS

AUF EINEN BLICK	
Motor	Viertakt, Zweizylinder-Boxer, luft-/ölgekühlt
Bohrung x Hub	101 x 70,5 mm
Hubraum	1.130 cm³
Leistung	95 PS (70 kW) bei 7.250 U/min
Drehmoment	100 Nm bei 5.500 U/min
Gemischbildung	elektronische Einspritzung, Bosch Motronic MA 2.4
Antrieb	6-Gang, Kardan
Ventiltrieb	hc
Reifen	120/70 ZR 17, 170/60 ZR 17
Sitzhöhe	790/810/830 mm
Tankinhalt	23 l
Leergewicht (vollgetankt)	246 kg
Höchstgeschwindigkeit	215 km/h

R 1150 RT

2001–2004

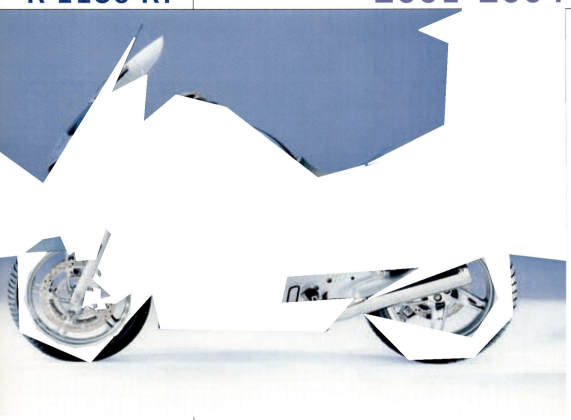

Aufgewerteter Boxer-Tourer der zweiten Vierventil-Generation: die R 1150 RT

AUF EINEN BLICK	
Motor	Viertakt, Zweizylinder-Boxer, luft-/ölgekühlt
Bohrung x Hub	101 x 70,5 mm
Hubraum	1.130 cm³
Leistung	95 PS (70 kW) bei 7.250 U/min
Drehmoment	100 Nm bei 5.500 U/min
Gemischbildung	elektronische Einspritzung, Bosch Motronic MA 2.4
Antrieb	6-Gang, Kardan
Ventiltrieb	hc
Reifen	120/70 ZR 17, 170/60 ZR 17
Sitzhöhe	805/845 mm
Tankinhalt	25 l
Leergewicht (vollgetankt)	279 kg
Höchstgeschwindigkeit	200 km/h

Die R 1100 RT hatte seit Mitte der 90er-Jahre als neuer Tourer mit Vierventil-Boxer eine steile Karriere hingelegt und war sehr beliebt bei den RT-Fans. Daher gab sich BMW große Mühe, die RT sinnvoll zu verbessern. 2001 kam dann die R 1150 RT mit dem überarbeiteten Motor, der nun 95 PS mobilisierte. Der Durchzug und der Drehmomentverlauf wurden spürbar gesteigert. Auffälligstes Merkmal der neuen RT war die veränderte Verkleidung mit dem neuen Tandem-Scheinwerfer, der die neue RT trotz insgesamt gleicher Formensprache ganz anders auf den Betrachter wirken ließ. Neben dem verbesserten Licht, gab es mit der durch einen Brems-

kraftverstärker unterstützten Integral-ABS-Bremse ein weiteres neues Sicherheitsfeature. Die Bremse wirkte grundsätzlich auf beide Räder. Allerdings war die Dosierbarkeit der Bremse anfangs sehr gewöhnungsbedürftig, da sie im Schritttempo oft unerwartet und schlagartig „zu" machte. Darüber hinaus überzeugte viele Fahrer das Gefühl der Restbremskraft bei ausgeschalteter Zündung nicht. Die RT wurde für 14 712 Euro in der Basisausstattung angeboten und verkaufte sich mit über 55 000 Stück sehr gut. ■

160

R 1150 R, die Roadster im neuen Gewand

Noch dynamischer, agiler und attraktiver" so pries BMW 2001 die neue Roadster an und hatte damit Recht. Die R 1150 R, die auf der Intermot 2000 ihre Premiere gefeiert hatte, übernahm den Motor samt kompletter Antriebseinheit von der R 1150 GS und erhielt so ebenfalls mehr Leistung und ein konstant höheres Drehmoment über den gesamten Drehzahlbereich. Besonders die Integration der Ölkühler in die neuen, seitlichen Tankverkleidungen trugen maßgeblich zur neuen dynamischen Fahrzeuglinie bei. So ergab sich, angefangen bei dem durchdesignten Vorderradkotflügel über die neue Tank-Sitzbank-Kombination bis hin zum schönen Heckabschluss, ein sehr gelungenes Gesamterscheinungsbild. Neben der schicken Optik hatte die neue Roadster aber auch ganz praktische Seiten, denn sie verkörperte das Motorrad pur und eignete sich hervorragend zum Tourenfahren. Entsprechend ab Werk mit Sonderausstattungen wie dem Integral-ABS, Heizgriffen, Windschild und Koffersystem ausgerüstet, machte die R 1150 R auf Langstrecken viel Spaß. Zum Preis von 10 600 Euro wurden mit dem Schwestermodell R 850 R fast 60 000 Einheiten verkauft. ■

AUF EINEN BLICK	
Motor	Viertakt, Zweizylinder-Boxer, luft-/ölgekühlt
Bohrung x Hub	101 x 70,5 mm
Hubraum	1.130 cm^3
Leistung	85 PS (62,5 kW) bei 6.750 U/min
Drehmoment	98 Nm bei 5.250 U/min
Gemischbildung	elektronische Einspritzung, Bosch Motronic MA 2.4
Antrieb	6-Gang, Kardan
Ventiltrieb	hc
Reifen	120/70 ZR 17, 170/60 ZR 17
Sitzhöhe	800 mm
Tankinhalt	20,4 l
Leergewicht (vollgetankt)	238 kg
Höchstgeschwindigkeit	197 km/h

K 1200 GT

Aus der modifizierten RS wird eine langstreckentauglichere K 1200 GT.

AUF EINEN BLICK	
Motor	Viertakt, Vierzylinder-Reihe, wassergekühlt
Bohrung x Hub	70,5 x 75 mm
Hubraum	1.171 cm³
Leistung	130 PS (96 kW) bei 8.750 U/min
Drehmoment	117 Nm bei 6.750 U/min
Gemischbildung	elektronische Einspritzung, Bosch Motronic MA 2.4
Antrieb	5-Gang, Kardan
Ventiltrieb	dohc
Reifen	120/70 ZR 17, 180/55 ZR 17
Sitzhöhe	770/800 mm
Tankinhalt	20,5 l
Leergewicht (vollgetankt)	300 kg
Höchstgeschwindigkeit	241 km/h

Ab Ende 2002 bot BMW auf Basis der K 1200 RS die K 1200 GT an. Die GT (Grand Tourismo) wurde in vielen Bereichen für die lange Urlaubstour optimiert und wurde mit 10 282 Einheiten sehr gut von den Tourenfahrern angenommen. Die Verkleidung wurde verbreitert und das elektrisch verstellbare Windschild vergrößert. Hinzu kam eine verstellbare Fußrastenanlage, ein höherer Tourenlenker und eine Komfortsitzbank. So reisten die Passagiere gut geschützt und bequem. Für nicht wenige K 100-RT- oder K 1100-LT-Fahrer war die K 1200 GT sogar der legitime Nachfolger ihrer Maschinen, da sich nicht jeder mit der neuen LT und ihrem massigen Auftritt anfreunden konnte. Außerdem lag sie mit 16 200 Euro (K 1200 LT 20 550 Euro) preislich in einem erträglichen Rahmen. Zwar war die K 1200 GT recht nahe an der K 1200 RS positioniert, jedoch wirkte sie mit ihrem serienmäßigen und in Fahrzeugfarbe lackierten Koffersystem insgesamt etwas edler. ∎

Streng genommen war die CL eigentlich nur eine aufgemotzte R 1200 C. Allerdings waren die Modifikationen vor allem optisch so umfangreich, dass man die 2002 präsentierte R 1200 CL getrost als eigenständiges Modell bezeichnen darf. Der Super-Komfort-Gleiter mit riesiger Cockpit-Verkleidung und Beinschild sowie Koffern und Topcase ausgestattet, nahm die Passagiere in weiche Polstermöbel auf. Der Auftritt der CL erinnerte spontan an das Harley-Davidson-Touring-Modell „Ultra Classic Elektra Glide" und versprühte mit der Audio-Anlage, dem Getränkedosenhalter und den Trittbrettern auch einen ähnlichen Highway-

Charme. Diesem erlagen 5 160 Käufer. Auch wenn Touring auf höchstem Niveau mit Sicherheit die Paradedisziplin der CL darstellte, durfte man sie auf der Landstraße doch nicht unterschätzen, da sie mit einem Topfahrwerk ausgestattet war und der Boxer-Motor ordentlich Druck entwickeln konnte. Zudem verrichtete die optional ABS-unterstützte Bremse zuverlässig ihren Dienst. In der Basisversion kostete die CL stolze 15 300 Euro. ■

Barocker Boxer-Tourer mit amerikanischen Einfluß – die R 1200 CL

AUF EINEN BLICK	
Motor	Viertakt, Zweizylinder-Boxer, luft-/ölgekühlt
Bohrung x Hub	101 x 73 mm
Hubraum	1.170 cm³
Leistung	61 PS (45 kW) bei 5.000 U/min
Drehmoment	98 Nm bei 3.000 U/min
Gemischbildung	elektronische Einspritzung, Bosch Motronic MA 2.4
Antrieb	5-Gang, Kardan
Ventiltrieb	hc
Reifen	150/80 VR 16, 170/80 VR 15
Sitzhöhe	745 mm
Tankinhalt	17,5 l
Leergewicht (vollgetankt)	308 kg
Höchstgeschwindigkeit	165 km/h

R 850 R | Comfort | 2002–2005

Kaum von der großen Roadster zu unterscheiden – die R 850 R im neuen Styling

AUF EINEN BLICK	
Motor	Viertakt, Zweizylinder-Boxer, luft-/ölgekühlt
Bohrung x Hub	87,8 x 70,5 mm
Hubraum	848 cm³
Leistung	70/34 PS (52/25 kW) bei 7.000/5.000 U/min
Drehmoment	77/60 Nm bei 5.600/3.000 U/min
Gemischbildung	elektronische Einspritzung, Bosch Motronic MA 2.4
Antrieb	6-Gang, Kardan
Ventiltrieb	hc
Reifen	120/70 ZR 17, 170/60 ZR 17
Sitzhöhe	760/800 mm
Tankinhalt	20,4 l
Leergewicht (vollgetankt)	238 kg
Höchstgeschwindigkeit	187 km/h

Im Jahr 2002, ein Jahr nach der Einführung der neuen 1150er, kam auch die R 850 R stark überarbeitet und im neuen Design auf den Markt. Auch sie erhielt das neue Sechsgang-Getriebe mit sportlich ausgelegtem sechsten Gang, die Felgen und alle technischen Features von der R 1150 R. Diese wurden größtenteils von der R 1150 GS übernommen. Neben der nun ebenfalls hydraulisch zu betätigen Kupplung gehörte hier auch der Paralever dazu. Die neu entwickelte EVO-Bremse, die bei beiden Modellen zum Einsatz kam, war optional mit ABS erhältlich und sollte laut BMW 20 Prozent mehr Bremsleistung erzielen. Ab 2004 brachte BMW das Sondermodell R 850 R Comfort auf den Markt, welches eine Mischung aus alter und neuer Roadster darstellte. „Auf" die Technik der neuen R 850 R wurde das Design der alten Version (ab 1998, nach dem Facelift) quasi adaptiert. Dieses Modell war nicht geplant und basierte auf einer entsprechend starken Nachfrage aus dem Ausland, speziell Italien verlangte danach. Beide Modelle wurden für 10 100 Euro verkauft. ∎

R 1150 GS Adventure – Sonder-edition „25 Jahre BMW GS"

Das Paris–Dakar-Modell der R 1150 GS hieß ab der Vier-ventil-GS-Generation Adventure. Hatte BMW diesbezüglich die R 1100-GS-Zeit übersprungen, so kam 2002 eine R 1150 GS Adven-ture mit vielen technischen Verbes-serungen. Mit einem Kodierstecker konnte man für entlegene Gebiete den Motor nun auf Normalbenzin einstellen. Zur Schonung der Kupplung im Gelände gab es op-tional einen kurz übersetzten ersten Gang. Der sechste Gang war nor-mal übersetzt. Besonders komfor-tables Reisen mit dem neuen WAD-Federbein (WAD = wegabhängige Dämpfung) an einem durch ein größeres Windschild gut geschütz-ten „Arbeitsplatz" standen bei der ADV im Vordergrund. Das Ge-samterscheinungsbild der Abenteu-er-GS wurde zum Einen durch die durchgehende Sitzbank mit dem modifizierten Gepäckträger und vor allem durch den optionalen, aber fast immer georderten 30-Liter-Tank geprägt. In Verbindung mit der Kotflügel-Verbreiterung vorne wirkte die ADV deutlich wuchtiger als die normale GS. Das spezielle ADV-Koffersystem konn-te durch die ungünstige Plazierung der Schlösser leider nicht überzeu-gen. Ab 2003 kam, wie bei der R 1150 GS, das neue Integral-ABS mit Bremskraftverstärker und die neue Doppelzündung zum Einsatz. 2005 verabschiedete sich die R 1150 GS Adventure als Editions-modell „25 Jahre BMW GS". Mit 17828 Einheiten zum Grund-preis von 11600 Euro war die ADV sehr erfolgreich. ■

AUF EINEN BLICK	
Motor	Viertakt, Zweizylinder-Boxer, luft-/ölgekühlt
Bohrung x Hub	101 x 70,5 mm
Hubraum	1.130 cm³
Leistung	85 PS (62,5 kW) bei 6.750 U/min
Drehmoment	98 Nm bei 5.250 U/min
Gemischbildung	elektronische Einspritzung, Bosch Motronic MA 2.4
Antrieb	6-Gang, Kardan
Ventiltrieb	hc
Reifen	110/80 ZR 19, 150/70 ZR 17
Sitzhöhe	860/900 mm
Tankinhalt	22 l (optional 30 l)
Leergewicht (vollgetankt)	253 kg
Höchstgeschwindigkeit	192 km/h

F 650 CS

F 650 CS Scarver – Wortneu-schöpfung mit außergewöhnlichen Lösungen

AUF EINEN BLICK	
Motor	Viertakt, Einzylinder, wassergekühlt
Bohrung x Hub	100 x 83 mm
Hubraum	652 cm³
Leistung	50/34 PS (37/25 kW) bei 6.500/6.000 U/min
Drehmoment	62/50 Nm bei 5.500/3.900 U/min
Gemischbildung	Elektronische Saugrohreinspritzung
Antrieb	5-Gang, Kette
Ventiltrieb	dohc
Reifen	110/70 ZR 17, 160/60 ZR 17
Sitzhöhe	780 mm
Tankinhalt	15 l
Leergewicht (vollgetankt)	189 kg
Höchstgeschwindigkeit	178/147 km/h

Um das junge Publikum anzusprechen brachte BMW im Jahr 2002 auf Basis der F 650 GS die F 650 CS mit der Zusatzbezeichnung „Scarver". Diese Wortneuschöpfung setzte sich aus Street und Carving zusammen und sollte die Leichtigkeit des CS-Fahrens dem jungen Volk in ihrer Sprache näher bringen. Fahrdynamisch konnte dieses Ziel auch größtenteils umgesetzt werden. Denn die flott motorisierte, mit Straßenreifen und ABS (optional) ausgerüstete F 650 CS ließ sich auf kurvigen Landstraßen von kundiger Hand durchaus schnell bewegen. Allerdings stand sie sich durch ihren Auftritt mit dem Gepäckfach, das man mit einem Stuffbag (kleine Tasche), Frontbag (Tankrucksack), Hardcase (hartes Plastik-Gepäckfach) oder

einem kompletten Audio-System mit Lautsprechern ausstatten konnte, bei einigen Interessenten selber im Weg. Sicherlich alles praktische Lösungen, jedoch nicht gerade Jedermanns Geschmack. Daher konnte BMW auch mit 3 032 Exemplaren nur wenig Käufer begeistern. Sehr schön hingegen war der neue Zahnriemen-Sekundärantrieb mit der raffiniert geführten Einarmschwinge, der nur alle 10 000 Kilometer per Excenter etwas nachjustiert werden musste. Auch bestens an der F 650 CS war der Motor, der in Verbindung mit der neuen Auspuffanlage nicht nur ein besseres Klangbild, sondern mit 62 Newtonmetern bei 5 500 Umdrehungen auch leistungsmäßig besser im Futter stand als der der F 650 GS. Der Preis betrug 7 390 Euro. ■

Der erste „Streetfighter" von BMW? Sicher im gemäßigten Style, aber Ansätze dieser speziellen Fahrzeuggattung waren zweifelsfrei bei der 2003 präsentierten Rockster vorhanden. Auch wenn die Rockster mit der normalen R 1150 R technisch identisch war und ebenfalls alle positiven Eigenschaften einer typischen BMW in Bezug auf Alltags- und Urlaubstauglichkeit mitbrachte, so wirkte sie doch komplett anders auf den Betrachter, als jede andere Boxer-BMW. Hervorgerufen wurde diese gedrungene und leicht aggressive Haltung durch mehrere Komponenten. Die Verwendung der 5.5-Zoll-Felge hinten mit 180er-Reifen von der R 1100 S trug mit Sicherheit viel dazu bei, denn dadurch stand das Heck der Maschine stei-

ler nach oben. Hinzu kam die extravagante Farbgebung, die sich nicht nur auf die üblicherweise lackierten Teile, wie Tank, Seitenteile, Kotflügel vorn und Cockpitverkleidung ausdehnt, sondern auch die Felgen, den Motorblock, den Paralever und den Telelever mit einbezog. Das Gesamterscheinungsbild wurde optisch durch die Integration des R 1150-GS-Scheinwerfers in der kleinen Lampenmaske abgerundet. Die Rockster war mehr als eine Roadster mit Kriegsbemalung. Sie verfolgte eine ganz eigene Designsprache und sprach eine ganz andere Zielgruppe an. Preislich lag sie mit 10 850 Euro leicht oberhalb dem Niveau der R 1150 R, verkaufte sich aber mit 8 336 Einheiten naturgemäß deutlich weniger. ■

AUF EINEN BLICK	
Motor	Viertakt, Zweizylinder-Boxer, luft-/ölgekühlt
Bohrung x Hub	101 x 70,5 mm
Hubraum	1.130 cm^3
Leistung	85 PS (62,5 kW) bei 6.750 U/min
Drehmoment	98 Nm bei 5.250 U/min
Gemischbildung	elektronische Einspritzung, Bosch Motronic MA 2.4
Antrieb	6-Gang, Kardan
Ventiltrieb	hc
Reifen	120/70 ZR 17, 170/60 ZR 17
Sitzhöhe	800 mm
Tankinhalt	20,4 l
Leergewicht (vollgetankt)	239 kg
Höchstgeschwindigkeit	197 km/h

R 1200 GS

Läutete die Neuzeit bei den GS-Boxern ein: die R 1200 GS

AUF EINEN BLICK	
Motor	Viertakt, Zweizylinder-Boxer, luft-/ölgekühlt
Bohrung x Hub	101 x 73 mm
Hubraum	1.170 cm³
Leistung	98 PS (72 kW) bei 7.000 U/min
Drehmoment	115 Nm bei 5.500 U/min
Gemischbildung	elektronische Einspritzung, BMS-K
Antrieb	6-Gang, Kardan
Ventiltrieb	hc
Reifen	110/80 R 19, 150/70 R 17
Sitzhöhe	840/860 mm
Tankinhalt	20 l
Leergewicht (vollgetankt)	225 kg
Höchstgeschwindigkeit	205 km/h

„Die erfolgreichste BMW aller Zeiten", so titelte der Hersteller am 27. Juli 2007 in einer Pressemeldung. In Berlin rollte die 100.000ste R 1200 GS vom Band (15 627 davon Adventure). Somit wurden bis zu diesem Tag insgesamt 219 468 Vierventil-GS gebaut. Eine beeindruckende Zahl, die die Beliebtheit dieses Modells widerspiegelt. Am 13. März 2004 wurde die R 1200 GS mit vielen Features vorgestellt. Im Vordergrund stand eine Reduzierung des Gewichtes im Vergleich zur Vorgängerin R 1150 GS. Zwar wurden die ursprünglich angestrebten 30 Kilogramm nicht ganz erreicht, dennoch präsentierte sich die „Neue" mit 225 Kilo (R 1150 GS 249 Kilo) deutlich leichter und agiler. Technisch trumpfte die GS mit vielen Neuerungen auf. Angefangen bei dem CAN-Bus-System (ersetzt einen herkömmlichen Kabelbaum), dem Info-Flatscreen im Cockpit, dem digitalen Motormanagement BMS-K mit Schubschaltung und Klopfregelung für Normalbenzin-Betrieb über das

neue schrägverzahnte Sechsgang-Getriebe für weichere Schaltvorgänge, bis hin zum neuen 1200er-Boxermotor mit Ausgleichswelle. Sehr auffällig war auch die hohlgebohrte Radachse hinten, die auf Bildern gerne als Fotoeffekt verwendet wird. Wurde anfangs das viel diskutierte ABS mit BKV (Bremskraftverstärker) verwendet, so fand ab dem Modelljahr 2007 das neue, 50 Prozent leichtere Integral ABS ohne BKV in der Teilintegral-Version an der GS Verwendung. Seit dem Zeitpunkt ebenfalls erhältlich: Ein neu entwickeltes Automatic-Stability-Control-System (kurz ASC), das als Antriebsschlupfregelung fungiert und das RDC, ein Reifendruckkontroll-System, welches Alarm schlägt, wenn der Luftdruck zu weit absinkt. Alle weiteren Optionen im Bereich der Sonderausstattung und des Zubehörs aufzuzählen würde den zur Verfügung stehenden Rahmen sprengen. Der Grundpreis von anfänglich 11 500 Euro war faktisch nur auf dem Papier gültig. ∎

Die K 1200 S (links): Topspeed-BMW mit Alltagstauglichkeit

Auf der Intermot 2004 präsentierte BMW die neue Sport-K. Lange hatte es Spekulationen über dieses Motorrad gegeben, das für BMW ein völlig neues Marktsegment öffnen sollte. Damit der völlig neu entwickelte Motor die Tugenden der alten K-Baureihe in Bezug auf einen niedrigen Schwerpunkt ebenfalls vorweisen konnte, kippte man bei BMW den Motorblock, respektive die Zylinderbank um 55 Grad nach vorne. Die Zylinder sind aber nicht nur nach vorne gekippt, sondern nun auch stehend quer zur Fahrtrichtung verbaut. Bei der alten K-Baureihe liegen die Zylinder längs zur Fahrtrichtung horizontal. Zudem ist dieser Hochleistungsmotor mit konstruktiven Anleihen aus der Formel 1 so schmal gebaut, dass eine sehr kompakte Verkleidung verwendet werden kann, die eine gute Schräglagenfreiheit ermöglicht. Die Duolever-Vorderradführung wird von BMW wegen ihres sensiblen Ansprechverhaltens und der transparenten Rückmeldung als Innovationssprung im Bereich der Fahrwerkstechnik bezeichnet. Doch damit nicht genug. Als erstes Serienmotorrad bietet BMW bei der K 1200 S das elektronisch einstellbaren ESA-Fahrwerk (Electronic Suspension Adjustment) optional als Sonderausstattung an. Das Bordnetz basiert auf der modernen CAN-Bus-Technologie. Für 15 590 Euro Grundpreis erhält man mit der K 1200 S eine sportliche Maschine, die aber alle BMW typischen Eigenschaften für eine grundsätzliche Tourentauglichkeit mit Heizgriffen und Koffern garantiert. ∎

AUF EINEN BLICK	
Motor	Viertakt, Vierzylinder-Reihe, wassergekühlt
Bohrung x Hub	79 x 59 mm
Hubraum	1.157 cm³
Leistung	167 PS (123 kW) bei 10.250 U/min
Drehmoment	130 Nm bei 8.250 U/min
Gemischbildung	elektronische Einspritzung, BMS-K
Antrieb	6-Gang, Kardan
Ventiltrieb	dohc
Reifen	120/70 ZR 17, 190/50 ZR 17
Sitzhöhe	820/790 mm
Tankinhalt	19 l
Leergewicht (vollgetankt)	248 kg
Höchstgeschwindigkeit	280 km/h

Boxer-Raumschiff mit Ecken und Kanten – die R 1200 RT

AUF EINEN BLICK	
Motor	Viertakt, Zweizylinder-Boxer, luft-/ölgekühlt
Bohrung x Hub	101 x 73 mm
Hubraum	1.170 cm³
Leistung	110 PS (81 kW) bei 7.500 U/min
Drehmoment	115 Nm bei 6.000 U/min
Gemischbildung	elektronische Einspritzung, BMS-K
Antrieb	6-Gang, Kardan
Ventiltrieb	hc
Reifen v/h	120/70 ZR 17, 180/55 ZR 17
Sitzhöhe	820/840 mm
Tankinhalt	27 l
Leergewicht (vollgetankt)	259 kg
Höchstgeschwindigkeit	> 200 km/h

Ende 2004 präsentierte BMW die neue R 1200 RT als zweites Modell der neuen Boxer-Generation. Neben dem Beibehalten der Langstreckentauglichkeit und des Fahrkomforts wurde vor allem auf die gesteigerte Agilität und Dynamik durch die 16 Prozent mehr Leistung und 20 Kilogramm weniger Gewicht hingewiesen. Eine geänderte Sitzposition führte zur Verbesserung der Ergonomie. Die Verkleidung wurde komplett neu gezeichnet und schützt die Passagiere nun noch besser vor der Witterung. Allerdings kommt das neue kantige und wuchtige Design nicht bei allen RT-Fahrer gut an. Und so zögern immer noch viele R 1100/1150-RT-Eigner mit einem Umstieg. Fern aller subjektiven Einschätzungen ist die Technik der RT exakt auf dem fortschrittlichen Stand der R 1200 GS. Neben dem neuen Boxer-Motor mit dem elek-

tronischen Motormanagement BMS-K, Doppelzündung und Klopfregelung, geregeltem Dreiwege-Katalysator mit zwei Lambdasonden hat die RT natürlich auch das neue Getriebe mit Schrägverzahnung und dem CAN-Bus. Die Gewichtsersparnis kommt unter anderem auch durch den Einsatz des Leichtbau-Paralever der neuesten Generation. Die RT hat die Evo-Bremse mit serienmäßigem BMW-Motorrad-Integral-ABS in Teilintegral-Version und verfügt optional über das ESA-Fahrwerk (Electronic Suspension Adjustment). Die in Fahrzeugfarbe lackierten Koffer sind serienmäßig. Als Sonderausstattung kann man ab 2006 unter anderem auch das ASC (Automatic Stability Control) und RDC (Reifendruckkontrolle) bestellen. Dann schnellt der Grundpreis von 15 850 Euro aber recht rasch über die 20 000 Euro-Grenze. ∎

Leicht, stark, teuer – der exklusive Gelände-Boxer HP 2

Darauf hatten viele Fans der Boxer-Enduro jahrelang gewartet: Ein puristischer Gelände-Boxer wurde von BMW 2005 in Form der HP 2 präsentiert. Der neue Name HP steht für „High Performance" und die „2" kennzeichnet den Zweizylinder-Boxer-Motor, der von der R 1200 GS übernommen wurde. Die restlichen Komponenten stellten eine Neukonstruktion dar, bei der sich die Geländesport-begeisterten Ingenieure austoben durften. Vorne kam eine konventionelle Upside-Down-Gabel mit wegabhängiger Dämpfung (WAD) zum Einsatz. Zur Hinterradführung wurde eine stark überarbeitete und um 30 Millimeter verlängerte Paralever-Schwinge genutzt. Als Hinterradfederung wurde ein innovatives Luft-Feder-Dämpfungssystem verwendet. Statt Hydraulikflüssigkeit wird bei dieser Konstruktion Luft durch einen Kolben verdrängt und durch Plattenventile in eine zweite Kammer geleitet. Die Dämpfung wird durch eine Drosselung der Luftströme erreicht. Die komprimierbare Luft übernimmt hierbei die Federung und ersetzt so die Stahlfeder. Ab 2006 bot BMW die HP 2 zu einem leicht angehobenen Preis mit einem serienmäßig mitgelieferten 17-Zoll-Straßenradsatz an. Den Bestandskunden unterbreitete man ein faires Angebot zur Nachrüstung auf Wunsch. Der Fahrzeugpreis betrug 2007 zuletzt 17 300 Euro ohne Überführungskosten. Für viele Fans war das zu teuer, so dass nur 2 910 Fahrzeuge einen Besitzer fanden. ∎

AUF EINEN BLICK	
Motor	Viertakt, Zweizylinder-Boxer, luft-/ölgekühlt
Bohrung x Hub	101 x 73 mm
Hubraum	1.170 cm³
Leistung	105 PS (77 kW) bei 7.000 U/min
Drehmoment	115 Nm bei 5.500 U/min
Gemischbildung	elektronische Einspritzung, BMS-K
Antrieb	6-Gang, Kardan
Ventiltrieb	hc
Reifen	90/90 21, 140/80 17
Sitzhöhe	920/895 mm
Tankinhalt	13 l
Leergewicht (vollgetankt)	195 kg
Höchstgeschwindigkeit	200 km/h

Fahrdynamik mit gotischen Anleihen – die R 1200 ST

AUF EINEN BLICK

Motor	Viertakt, Zweizylinder-Boxer, luft-/ölgekühlt
Bohrung x Hub	101 x 73 mm
Hubraum	1.170 cm³
Leistung	110 PS (81 kW) bei 7.500 U/min
Drehmoment	115 Nm bei 6.000 U/min
Gemischbildung	elektronische Einspritzung, BMS-K
Antrieb	6-Gang, Kardan
Ventiltrieb	hc
Reifen	120/70 ZR 17, 180/55 ZR 17
Sitzhöhe	830/806 mm
Tankinhalt	21 l
Leergewicht (vollgetankt)	229 kg
Höchstgeschwindigkeit	> 200 km/h

Nach der R 1200 GS Anfang des Jahres 2004 und der R 1200 RT Ende 2004, wird die R 1200 ST Anfang 2005 als drittes Modell der neuen 1200-Kubikzentimeter-Boxer-Baureihe präsentiert. Die Nachfolgerin der markanten aber doch immer recht beliebten R 1100/1150 RS hatte von Beginn an mit ihrem sehr gewöhnungsbedürftigen Erscheinungsbild zu kämpfen. Technisch gab es an dem neuen Sporttourer von BMW nichts auszusetzen. Ausgerüstet mit dem neuen Motor, dem Antriebsstrang und den Fahrwerkselemente der GS und einer neuen, an die RT angelehnten Rahmenkonstruktion, befand sich die ST auf dem neuesten Stand der Technik. Auch sie besaß das elektronisches Motormanagement BMS-K mit Doppelzündung und

Klopfregelung sowie einen geregelten Katalysator mit zwei Lambdasonden und das neue Sechsgang-Getriebe mit Schrägverzahnung. Hinzu kam das neue innovative Bordnetz mit CAN-Bus-Technologie. Als kleiner Stolperstein für die ST erwies sich ihr neuer Scheinwerfer in Klarglasoptik und Freiformflächentechnik, der mit seinen beiden übereinander angeordneten Reflektoren zwar sehr gut die Fahrbahn ausleuchtete aber nicht sehr ansprechend aussah und nicht mehr viel mit dem gewohnten RS-Design zu tun hatte. Dies schlug sich dann auch im Absatz nieder, der mit 7 302 Einheiten doch eher zurückhaltend blieb. Im Preis von 15 195 Euro war das ab dem Modelljahr 2006 bestellbare ESA-Fahrwerk noch nicht enthalten. ◼

Im Jahr 2005 lies BMW die brachiale K 1200 R auf die BMW-Gemeinde los. Was sich mit der K 1200 S schon angedeutet hatte, nämlich dass BMW künftig modellpolitisch völlig neue Wege beschreiten wollte, setzte sich im „stärksten Roadster der Welt" konsequent fort. Das „Highend Muscle Bike", wie es von BMW auch genannt wird, kam aber nicht nur als gestrippte S daher. Sie ist durch einen steileren Lenkkopfwinkel mit der Duolever-Radführung und schmaleren 180er-Hinterreifen (190er optional) in Verbindung mit einer etwas kürzeren Übersetzung viel intensiver auf die schnelle Landstraßen-Hatz ausgelegt. Was der kraftvolle Auf-

tritt verspricht, hält der Motor mit seinen 163 PS Leistung und dem hohen Drehmoment von 127 Newtonmeter bei 8 250 Umdrehungen. Selbstverständlich kann aber auch der unvernünftigste BMW-Streetfighter mit sinnvollen Sonderausstattungen wie dem (Teil-)Integral-ABS, dem ESA-Fahrwerk mit elektronische Verstellung, einer Diebstahlwarnanlage (DWA), Heizgriffen und einer Gepäckbrücke ausgestattet werden. Für 13 640 Euro erhält man also ein extrem starkes Naked-Bike, das aber durchaus Vernunft in sich trägt – ein Widerspruch? ■

AUF EINEN BLICK	
Motor	Viertakt, Vierzylinder-Reihe, wassergekühlt
Bohrung x Hub	79 x 59 mm
Hubraum	1.157 cm³
Leistung	163 PS (120 kW) bei 10.250 U/min
Drehmoment	127 Nm bei 8.250 U/min
Gemischbildung	elektronische Einspritzung, BMS-K
Antrieb	6-Gang, Kardan
Ventiltrieb	dohc
Reifen	120/70 ZR 17, 180/55 ZR 17 (190/50 ZR 17)
Sitzhöhe	820/790 mm
Tankinhalt	19 l
Leergewicht (vollgetankt)	237 kg
Höchstgeschwindigkeit	262 km/h

Das käufliche Weltreise-Abenteuer – die R 1200 GS Adventure

AUF EINEN BLICK	
Motor	Viertakt, Zweizylinder-Boxer, luft-/ölgekühlt
Bohrung x Hub	101 x 73 mm
Hubraum	1.170 cm³
Leistung	98/105 PS (72/77 kW) bei 7.500 U/min
Drehmoment	115/115 Nm bei 5.500/5.750 U/min
Gemischbildung	elektronische Einspritzung, BMS-KP
Antrieb	6-Gang, Kardan
Ventiltrieb	hc
Reifen	110/80 R 19, 150/70 R 17
Sitzhöhe	915/895 mm
Tankinhalt	20 l
Leergewicht (vollgetankt)	256 kg
Höchstgeschwindigkeit	205 km/h

Im Oktober 2005 präsentierte BMW auf der Motorcycleshow in England die neue R 1200 GS Adventure. Die Abenteuerversion der GS verfügt im Vergleich zur zivilen GS über einen großen 33-Liter-Tank, einen deutlich vergrößerten Windschild und eine Sportsitzbank mit neuer Gepäckbrücke. Hinzu kommen größere Federwege mit 210 Millimeter vorn und 220 Millimeter hinten (R 1200 GS 190/200 Millimeter) und eine damit um 4,5 bis 6,5 Zentimeter höhere Sitzposition. Somit ist die Adventure wirklich nur etwas für groß gewachsene Menschen. Für den Jahrgang 2008 erhielt auch die Adventure im Zuge einer Aufwertung das Enduro-ESA, das neue

ABS, ein überarbeitetes Getriebe mit wahlweise einem kurzen ersten Gang, das LED-Rücklicht und natürlich den neuen Motor mit 105 PS Leistung. Um die von BMW angepriesene Weltreisetauglichkeit der Maschine zu unterstützen, kann man ab Werk ein robustes Alu-Koffersystem und ein Alu-Topcase ordern. Optisch unterscheidet sich die facegeliftete Adventure nicht so deutlich von ihrer Vorgängerin, wie die normale GS. Der 14000 Euro Grundpreis lässt sich durch viele Sonderausstattungswünsche schnell an die 20000-Euro-Grenze schieben. Dennoch ist der GS-Käuferanteil, der zur ADV greift mit zirka 15 Prozent recht hoch. ■

Enduro für grobes Gelände:
die G 650 Xchallenge

Mit den G-Modellen feierte BMW auf der Intermot 2006 in Köln eine Präsentation mit Drillingen. Die völlig neue Einzylinder-Baureihe besteht aus der G 650 Xchallenge, der G 650 Xmoto und der G 650 Xcountry. Die Xchallenge spielt hierbei die Rolle der Hardenduro. Als Antrieb dient bei allen drei Fahrzeugen der F 650-GS-Motor in einer leicht überarbeiteten Version. Die G-Modelle besitzen einen Brücken-Rohrrahmen aus Stahl mit Aluguss-Seitenteilen. Das Rahmenheck ist angeschraubt und besteht ebenfalls aus Aluminium. Die Fahrwerke der Modelle sind dem jeweiligen Einsatzzweck entsprechen angepasst, beziehungsweise abgestimmt. Ex-klusiv bei der Challenge arbeitet hinten ein Air Damping System (Luftfederbein). Die Bremsen sind ebenfalls unterschiedlich. Die Xchallenge und die Xcountry tragen eine 300 Millimeter Bremsscheibe mit Doppelkolben vorn, wobei die Xmoto eine Vierkolbenanlage und eine 320-mm-Scheibe trägt – für ein härteres Bremsen vor Kurven. Optional kann bei allen Fahrzeugen der G-Reihe das leichte Zwei-Kanal-ABS geordert werden. Dem Ziel, mit diesem Angebot das Kaufklientel zu verjüngen, steht der Preis von 8 200 Euro für die Xchallenge im Weg, denn viele junge Käufer wollen oder können nicht soviel Geld für ihr Hobby ausgeben. ∎

AUF EINEN BLICK	
Motor	Viertakt, Einzylinder, wassergekühlt
Bohrung x Hub	100 x 83 mm
Hubraum	652 cm^3
Leistung	53 PS (39 kW) bei 7.000 U/min
Drehmoment	60 Nm bei 5.250 U/min
Gemischbildung	elektronische Saugrohreinspritzung
Antrieb	5-Gang, Kette
Ventiltrieb	dohc
Reifen	90/90 S 21, 140/80 S 18
Sitzhöhe	930/910 mm
Tankinhalt	9,5 l
Leergewicht (vollgetankt)	156 kg
Höchstgeschwindigkeit	165 km/h

G 650 Xmoto

**G 650 Xmoto – Supermoto mit
Leistungshandicap**

AUF EINEN BLICK	
Motor	Viertakt, Einzylinder, wassergekühlt
Bohrung x Hub	100 x 83 mm
Hubraum	652 cm³
Leistung	53 PS (39 kW) bei 7.000.500 U/min
Drehmoment	60 Nm bei 5.250 U/min
Gemischbildung	elektronische Saugrohreinspritzung
Antrieb	5-Gang, Kette
Ventiltrieb	dohc
Reifen	120/70 H 17, 160/60 H 17
Sitzhöhe	880/900 mm
Tankinhalt	9,5 l
Leergewicht (vollgetankt)	159 kg
Höchstgeschwindigkeit	170 km/h

Die Xmoto wirkt mit ihrem kleinen 17-Zoll-Vorderrad so, als wolle sie schon aus dem Stand zu einem Stoppie (= starkes Verzögern vorne bis der Hinterreifen abhebt) ansetzten. Harmonisch fügen sich die Aluminium-Gussfelgen in die Supermoto-Optik ein. Unterstützt wird diese aggressive Ausstrahlung durch die Cockpitverkleidung, die die Maschine gedrungen, wie zum Sprung bereit wirken lässt. Die Reifendimensionen fallen bei der Xmoto naturgemäß üppiger aus als bei ihren Enduro-Schwestern. Ebenfalls größer ist die Bremsscheibe vorne mit 320 Millimeter und eine Vierkol-

benzange, im Gegensatz zu den Zweikolbenanlagen der Xchallenge und Xcountry. Leider hat man es versäumt, der Xmoto ein wenig mehr Leistung einzuhauchen. Ihre direkte Rivalin vom Konkurrenten in Österreich, die KTM 690 SM, hat bei echten 654 Kubik Hubraum, satte 64 PS. Nur im Preis übertrifft die BMW die KTM und ist mit 8 700 Euro rund 300 Euro teurer. ∎

Im März 2006 bringt BMW im Zug der Modelloffensive für die junge Kundschaft die völlig neuen Modelle der F-Baureihe mit Reihen-Zweizylinder auf den Markt. Mit diesen Mittelklasse-Fahrzeugen will BMW die Lücke zwischen den 650-Kubikzentimeter-Einzylindern und den großen Boxern schließen. Der Antrieb ist in Kooperation mit Bombardier-Rotax entwickelt worden und wird in Österreich produziert. Der Twin zeichnet sich besonders durch seine Verbrauchs- und Vibrationsarmut aus. Ein zusätzliches Schwenkpleuel sorgt durch die Kompensation der Massenkräfte für Ruhe. Der Kraftstoffverbrauch liegt um die 4,4 Liter pro 100 km.

Neben dem neuen Motor sticht auch der neue Endantrieb mit Zahnriemen und einer wunderschönen Aluminium-Einarmschwinge hervor. Optional kann die F 800 S mit Zweikanal-ABS, Heizgriffen, DWA, Bordcomputer, einer niedrigeren Sitzbank und weiterer Sonderausstattung und Zubehör bestellt werden. Ab 2007 gibt es eine spezielle Tieferlegung, die in Verbindung mit der niedrigen Sitzbank die Sitzhöhe insgesamt um sechs Zentimeter reduziert. Für die Einsteiger in der Zielgruppe wird auch eine Leistungsreduzierung auf 34 PS angeboten. Für 8 660 Euro steht die sportliche F 800 S zur Ausfahrt bereit. ∎

Sportlicher Twin mit ausreichend Leistung für die Landstraße

AUF EINEN BLICK	
Motor	Viertakt, Zweizylinder Reihe, wassergekühlt
Bohrung x Hub	82 x 75,6 mm
Hubraum	798 cm³
Leistung	85/34 PS (62,5/25 kW) bei 8.000/7.000 U/min
Drehmoment	86/55 Nm bei 5.800/3.500 U/min
Gemischbildung	elektronische Einspritzung, BMS-K
Antrieb	6-Gang, Kette
Ventiltrieb	dohc
Reifen	120/70 ZR 17, 180/55 ZR 17
Sitzhöhe	820/790 mm
Tankinhalt	16 l
Leergewicht (vollgetankt)	204 kg
Höchstgeschwindigkeit	> 200 km/h

F 800 ST

Fertig für die Urlaubsreise –
F 800 ST mit Sportkoffern.

AUF EINEN BLICK	
Motor	Viertakt, Zweizylinder Reihe, wassergekühlt
Bohrung x Hub	82 x 75,6 mm
Hubraum	798 cm³
Leistung	85/34 PS (62,5/25 kW) bei 8.000/7.000 U/min
Drehmoment	86/55 Nm bei 5.800/3.500 U/min
Gemischbildung	elektronische Einspritzung, BMS-K
Antrieb	6-Gang, Kette
Ventiltrieb	dohc
Reifen	120/70 ZR 17, 180/55 ZR 17
Sitzhöhe	820/790 mm
Tankinhalt	16 l
Leergewicht (vollgetankt)	209 kg
Höchstgeschwindigkeit	> 200 km/h

Die zusammen mit der F 800 S Anfang 2006 präsentierte F 800 ST ist nur dem ersten Eindruck nach zu dicht an der S-Version positioniert. Die Fahrzeugausrichtung und damit die Zielgruppe ist im Fall der ST eine ganz eigene. Die jungen Tourenfahrer sollen sich durch zahlreiche Modifikationen angesprochen fühlen. Die höhere Verkleidungsscheibe bringt in Verbindung mit dem ebenfalls höheren Lenker einen wesentlich verbesserten Langstreckenkomfort im Gegensatz zur sportlichen Schwester S. Zudem schützt die Fast-Vollverkleidung deutlich besser vor der Witterung. Das Felgendesign fällt weniger sportlich aus. Mit Koffersystem und Topcase (Sonderausstattung) ausgerüstet, kann es mit der ST auf Reisen gehen. Auch der Soziuskomfort ist verhältnismäßig in Ordnung. Technisch unterscheiden sich die beiden Modelle S und ST nicht voneinander. So hat auch die ST den gleichen kraftvoll antretenden Reihen-Zweizylinder-Motor und die schöne Aluminium-Einarmschwinge mit Zahnriemenantrieb. Preislich liegt die ST mit 9 500 Euro geringfügig oberhalb der S-Version. ∎

ab 2006

G 650 Xcountry

Neuzeit-Scrambler, die G 650 Xcountry

Als Teil der G-Familie wird die Xcountry als moderne Interpretation eines Scramblers von BMW angeboten. Scramble ist englisch und heißt übersetzt klettern und umschreibt somit schon die Qualitäten der Xcountry. Waren die echten Scrambler noch Straßenmaschinen mit hochgelegten Auspuffanlagen und Vorläufer der heutigen Enduros, so dürfte man die Xcountry übertragen auf die Neuzeit wohl am besten als Fahrzeug zum gemütlichen Endurowandern bezeichnen. Technisch mit den Schwestermodellen Xchallenge und Xmoto identisch, kommt die Xcountry mit ihrem freistehenden Streuscheiben-

Scheinwerfer, der stark gestuften Sitzbank und dem niedrigen Kotflügel vorn optisch mit einer ganz eigenständigen Linie daher. Auch als wendiges Stadtfahrzeug ist die Xcountry bestens geeignet. Dies wird vor allem auch durch die im Vergleich zur Xchallenge wesentlich niedrigere Sitzhöhe unterstützt. Im Gegensatz zur Hardenduro federt bei dem Scrambler hinten ein konventionelles Federbein. Mit einem Grundpreis von 6 900 Euro ist sie die günstigste der G-Modelle. Der Motor wird seit 2008 beim chinesischem Motorradhersteller Loncin und nicht mehr bei Rotax in Österreich gebaut. ∎

AUF EINEN BLICK	
Motor	Viertakt, Einzylinder, wassergekühlt
Bohrung x Hub	100 x 83 mm
Hubraum	652 cm³
Leistung	53 PS (39 kW) bei 7.000 U/min
Drehmoment	60 Nm bei 5.250 U/min
Gemischbildung	elektronische Saugrohreinspritzung
Antrieb	5-Gang, Kette
Ventiltrieb	dohc
Reifen	100/90 S 19, 130/80 S 17
Sitzhöhe	840/870 mm
Tankinhalt	9,5 l
Leergewicht (vollgetankt)	160 kg
Höchstgeschwindigkeit	165 km/h

179

Supermoto auf bayerisch

AUF EINEN BLICK

Motor	Viertakt, Zweizylinder-Boxer, luft-/ölgekühlt
Bohrung x Hub	101 x 73 mm
Hubraum	1.170 cm³
Leistung	113 PS (83 kW) bei 7.500 U/min
Drehmoment	115 Nm bei 6.000 U/min
Gemischbildung	elektronische Einspritzung, BMS-K
Antrieb	6-Gang, Kardan
Ventiltrieb	hc
Reifen	120/70 ZR 17, 180/55 ZR 17
Sitzhöhe	860/910 mm
Tankinhalt	13 l
Leergewicht (vollgetankt)	199 kg
Höchstgeschwindigkeit	> 200 km/h

Auf Basis der HP 2 Enduro präsentierte BMW auf der Intermot in Köln 2006 die HP 2 Megamoto. Dem Trend der großvolumigen Zweizylinder-Supermotos folgend, verspricht BMW das perfekte Instrument für sportliches Landstraßensurfen und den Einsatz auf der Rennstrecke gebaut zu haben. Um dieses Ziel zu realisieren, wurden edle Werkstoffe und hochwertige Komponenten verbaut. Fahrwerksseitig arbeitet vorne eine voll einstellbare 45-Millimeter-Marzocchi-Upside-Down-Gabel mit 160 Millimeter Federweg. Hinten kommt ein ebenfalls einstellbares und qualitativ sehr hochwertiges Öhlins-Federbein mit 180 Millimeter Federweg zum Einsatz. Wichtig für eine Supermoto sind natürlich auch die Felgen, die den speziellen Anforderungen angepasst sind. Für eine verbesserte Verzögerung wurden eine zweite Bremsscheibe sowie zwei Vierkolben-Festsattelbremsen eingebaut. Für den Druck aus der Kurve heraus sorgt der mittlerweile bewährte 1200-Kubikzentimeter-Boxer-Motor, hier mit 113 PS Leistung. Die Sitzposition auf der Megamoto ist sehr Vorderrad orientiert und fahraktiv. Um hier Platz nehmen zu dürfen, müssen Interessenten aber 17300 Euro auf den Tresen legen. ∎

Ein Grand-Tourismo auf zwei Rädern: die K 1200 GT

Die neue Grand Tourismo K 1200 GT kam 2006 und verfolgte das Prinzip des schnellen und komfortablen Reisens konsequent weiter. Der weiterentwickelte Vierzylinder-Reihenmotor mobilisiert in der GT satte 152 PS und ermöglicht durch seine kraftvollen 130 Newtonmeter Drehmoment bei 7 750 Umdrehungen entspanntes Langstreckentouren. Die Fahrwerkskomponenten Paralever hinten und Duolever vorn wurden aus der K 1200 S/R übernommen und tragen so zu einem dynamischen Fahrverhalten bei. Das Besondere an diesem Tourer ist aber sicher das ESA-Fahrwerk (Electronic Suspension Adjustment, optional), das die Möglichkeit bietet, vom Lenker aus per Knopfdruck das Fahrwerk optimal auf den jeweiligen Beladungszustand anzupassen. Das macht das Fahren nicht nur komfortabler, sondern auch wesentlich sicherer. Zusätzliche Sicherheit bietet die leistungsfähige EVO-Bremsanlage mit teilintegralem ABS. Für das Umweltgewissen ist ein Dreiwege-Katalysator und gegen Diebstahl eine elektronische Wegfahrsperre an Bord. Für 17 440 Euro Grundpreis, bei dem es selten bleibt, erhält man einen schicken und schnellen Langstreckentourer. ∎

AUF EINEN BLICK	
Motor	Viertakt, Vierzylinder-Reihe, wassergekühlt
Bohrung x Hub	79 x 59 mm
Hubraum	1.157 cm^3
Leistung	152 PS (112 kW) bei 9.500 U/min
Drehmoment	130 Nm bei 7.750 U/min
Gemischbildung	elektronische Einspritzung, BMS-K
Antrieb	6-Gang, Kardan
Ventiltrieb	dohc
Reifen	120/70 ZR 17, 180/55 ZR 17
Sitzhöhe	820/840 mm
Tankinhalt	24 l
Leergewicht (vollgetankt)	282 kg
Höchstgeschwindigkeit	241 km/h

K 1200 R Sport mit Halbverkleidung in Cosmicblue-metallic

AUF EINEN BLICK	
Motor	Viertakt, Vierzylinder-Reihe, wassergekühlt
Bohrung x Hub	79 x 59 mm
Hubraum	1.157 cm³
Leistung	163 PS (120 kW) bei 10.250 U/min
Drehmoment	127 Nm bei 8.250 U/min
Gemischbildung	elektronische Einspritzung, BMS-K
Antrieb	6-Gang, Kardan
Ventiltrieb	dohc
Reifen	120/70 ZR 17, 180/55 ZR 17 (190/50 ZR 17)
Sitzhöhe	820/790 mm
Tankinhalt	19 l
Leergewicht (vollgetankt)	241 kg
Höchstgeschwindigkeit	264 km/h

BMW präsentierte 2006 auf der Intermot die K 1200 R Sport. Wie der Name schon deutlich macht, basiert das neue Modell auf dem Naked-Bike K 1200 R. Um eine gute Langstreckentauglichkeit zu bieten, besitzt die K Sport eine schicke Halbverkleidung mit dem Scheinwerfer des Sport-Boxers R 1200 S. Ansonsten übernimmt die K Sport alle Bauteile der K 1200 R. Auch hier drückt der 163 PS starke Vierzylinder kräftig nach vorn. Sämtliche technischen Raffinessen, die für die K 1200 R verfügbar sind, kann der K Sport-Käufer natürlich auch ordern: Integral-ABS, das vom Lenker aus verstellbare ESA-Fahrwerk, das RDC (Reifendruck-

Kontrollsystem), kleine Sportkoffer und eine Gepäckbrücke, sowie 190er-Hinterreifen. Ab 2007 ist für das tourenorientierte K-Modell auch die Antriebsschlupfregelung, kurz ASC, erhältlich. Für einen Grundpreis von 14 100 Euro erhält man einen kraftvollen und schnellen Kilometerfresser. ■

eben der GS brachte BMW 2006 das zweitwichtigste Modell mit dem 1200-Kubikzentimer-Boxer auf den Markt, die R 1200 R. Mit ihr wird die lange Roadster-Tradition eindrucksvoll vorgesetzt. Das Design wurde zwar kantiger aber dennoch behutsam weiterentwickelt. Die R 1200 R erhält von Anfang an das neue BMW-Integral-ABS und wird heute auf Wunsch mit einer Antriebsschlupfregelung (ASC) und dem Reifendruck-Kontrollsystem (RDC) ausgeliefert. Besonders das agile Fahrverhalten und die Dynamik sticht bei der neuen R hervor. Das optional erhältliche ESA-Fahrwerk unterstützt die exzellente Landstraßen-Performance optimal. Der Motor entwi-ckelt in der R satte 109 PS und mobilisiert seine 115 Newtonmeter Drehmoment schon bei 6 000 Umdrehungen. Der Rahmen basiert im vorderen Bereich auf dem des Tourers RT, allerdings wurden Lenkkopfwinkel und Nachlauf neu abgestimmt. Außerdem ist die hintere Gitterrohrkonstruktion komplett neu entwickelt worden. Die Cockpiteinheit birgt zwei Rundinstrumente und ein digitales LCD-Display. Ein Bordcomputer ist optional. Zum Grundpreis von 11 490 Euro kommen sicher immer noch zahlreiche Sonderausstattungen und Extras hinzu, dennoch ist die neue Roadster ein faires Angebot und ein würdiger Nachfolger der R 1150 R. ∎

R 1200 R in Granitgrau-metallic matt

AUF EINEN BLICK	
Motor	Viertakt, Zweizylinder-Boxer, luft-/ölgekühlt
Bohrung x Hub	101 x 73 mm
Hubraum	1.170 cm³
Leistung	109 PS (80 kW) bei 7.500 U/min
Drehmoment	115 Nm bei 6.000 U/min
Gemischbildung	elektronische Einspritzung, BMS-K
Antrieb	6-Gang, Kardan
Ventiltrieb	hc
Reifen	120/70 ZR 17, 180/55 ZR 17
Sitzhöhe	800 mm
Tankinhalt	18 l
Leergewicht (vollgetankt)	223 kg
Höchstgeschwindigkeit	> 200 km/h

R 1200 S

Die R 1200 S – für viele R 1100 S-Fahrer als Nachfolgerin zu sportlich

AUF EINEN BLICK	
Motor	Viertakt, Zweizylinder-Boxer, luft-/ölgekühlt
Bohrung x Hub	101 x 73 mm
Hubraum	1.170 cm³
Leistung	122 PS (90 kW) bei 8.250 U/min
Drehmoment	112 Nm bei 6.800 U/min
Gemischbildung	elektronische Einspritzung, BMS-K
Antrieb	6-Gang, Kardan
Ventiltrieb	hc
Reifen	120/70 ZR 17, 180/55 ZR 17
Sitzhöhe	830 mm
Tankinhalt	17 l
Leergewicht (vollgetankt)	213 kg
Höchstgeschwindigkeit	> 200 km/h

Mit dem neuen Sportboxer überraschte BMW 2006 die Fans der schleifenden Zylinderköpfe. Die Grundauslegung des Fahrzeuges ist wesentlich kompromissloser auf Sportlichkeit ausgerichtet, als bei der Vorgängerin R 1100 S. Mit ihr war die kleine Urlaubstour mit Sozia und Koffer durchaus möglich. Die Neue verfolgt da laut BMW eine andere Devise: „Sportlichkeit ist Trumpf!" Und das wird praktisch umgesetzt. 13 Kilogramm weniger Gewicht und 122 PS bei 8 250 Umdrehungen, die der in vielen Details modifizierte Motor freisetzt, sprechen eine eigene Sprache. Wie schon die anderen Boxer-Modelle der neuen Generation besitzt auch die S das Single-Wire-System mit CAN-Bus-Technologie und einer elektronischen Wegfahrsperre. Vorne arbeitet der Telelever, hinten der Paralever. Beide Systeme gibt es mit aufwendigen Öhlins-Federelementen gegen Aufpreis. Im Bereich der Bremse verbaut BMW das neue Zweikanal-ABS ohne Integralfunktion und ohne Bremskraftverstärker. Die sportliche Linie wird durch die aus der K-Baureihe bekannten und schwungvoll gestylten Felgen gut betont. Am auffälligsten ist aber die Underseat-Auspuffanlage, die direkt hinten unterhalb der Sitzbank hervortritt und freie Sicht auf den Hinterreifen gewährt. BMW verlangt für diesen Renn-Boxer 12 950 Euro. ∎

Neben der neuen Enduro F 800 GS, die in erster Linie auf Gelände- und Reisetauglichkeit ausgelegt ist, präsentierte BMW 2007 auf der Eicma in Mailand noch die etwas zivilere F 650 GS. Was als erstes bei diesem Fahrzeug auffällt, ist, dass es sich gar nicht um eine 650-Kubikzentimeter-Maschine handelt. Sie besitzt den gleichen Motor, wie die F 800 GS mit 0,8 Litern Hubraum und ist nur durch den Einsatz von leistungsreduzierenden Steuerzeiten auf 71 PS ausgelegt. Das maximale Drehmoment ist zwar geringer, liegt aber früher an. Insgesamt ist das Fahrzeug einfacher gehalten als die F 800 GS. Vorne arbeitet eine konventionelle Telegabel, die ein kleineres 19-Zoll-Rad führt. Es kommen auch keine Speichenräder, sondern Gussfelgen zum Einsatz. Die Verkleidung, die den Kühler umschließt, ist anders geformt und lässt die Maschine viel straßenorientierter auftreten. Durch die leichtere Beherrschbarkeit und die niedrigere Sitzhöhe werden sich vor allem Frauen und Fahranfänger von der F 650 GS angesprochen fühlen. Der Preis von 7 800 Euro ist angemessen. ∎

Neue F 650 GS mit Zweizylinder-Parallel-Twin

AUF EINEN BLICK	
Motor	Viertakt, Zweizylinder Reihe, wassergekühlt
Bohrung x Hub	82 x 75,6 mm
Hubraum	798 cm³
Leistung	71 PS (52 kW) bei 7.000 U/min
Drehmoment	75 Nm bei 4.500 U/min
Gemischbildung	elektronische Einspritzung, BMS-KP
Antrieb	6-Gang, Kette
Ventiltrieb	dohc
Reifen	110/80 R 19 59 H, 140/80 R 17 69 H
Sitzhöhe	820/790 mm
Tankinhalt	16 l
Leergewicht (vollgetankt)	199 kg
Höchstgeschwindigkeit	189 km/h

F 800 GS

Darauf haben die Fans lange gewartet: Leicht, spritzig und bezahlbar

AUF EINEN BLICK	
Motor	Viertakt, Zweizylinder Reihe, wassergekühlt
Bohrung x Hub	82 x 75,6 mm
Hubraum	798 cm³
Leistung	85 PS (63 kW) bei 7.500 U/min
Drehmoment	83 Nm bei 5.750 U/min
Gemischbildung	elektronische Einspritzung, BMS-KP
Antrieb	6-Gang, Kette
Ventiltrieb	dohc
Reifen	90/90 21 54 V, 150/70 R 17 69 V
Sitzhöhe	880/850 mm
Tankinhalt	16 l
Leergewicht (vollgetankt)	207 kg
Höchstgeschwindigkeit	> 200 km/h

Endlich! Man konnte es förmlich hören, wie ein Seufzer durch die BMW-Enduro-Szene ging, als der Hersteller die F 800 GS 2007 in Mailand der Öffentlichkeit vorstellte. Seit der Präsentation der F 800 S/ST-Modelle waren die Spekulationen um eine Enduro mit dem neuen Zweizylinder-Reihenmotor nicht abgerissen. Und das Warten hat sich gelohnt. Leicht modifiziert und nur noch um 8,3 Grad nach vorne geneigt, treibt der Motor nun eine GS an. Die F 800 GS besitzt einen robusten Gitterrohrrahmen aus Stahl, eine 45-Millimeter-Upside-Down-Gabel mit 230 Millimeter Federweg sowie eine stabile Aluminium-Zweiarmschwinge. Hinten arbeitet ein wegabhängig gedämpftes Federbein mit 215 Millimeter Federweg. Wie es sich für eine richtige Enduro gehört, wird die Spur von einem 21-Zoll-Vorderrad geführt. Ihrem Einsatzzweck entsprechend lässt sich die GS perfekt für die lange Urlaubstour ausrüsten. Als Sonderausstattung gibt es ein ABS, Heizgriffe, einen Bordcomputer und eine Diebstahlwarnanlage.

Weitere Optionen finden sich beim Sonderzubehör in Form von Variokoffern, einem Topcase und Tankrucksack und dem BMW-Navigationsgerät. Mit ihren 85 PS und 207 Kilogramm Gewicht liegt sie im Leistungsbereich einer R 1150 GS und dürfte nicht nur bei den BMW-Fans sehr gut ankommen. Es bedarf keiner Hellseherei, um den Erfolg der F 800 GS zum Preis von 9 640 Euro in der Zukunft vorherzusagen. ∎

ab 2008 | G 450 X

Die G 450 X, ein ernstzuneh-mendes Sportgerät

Mit der Präsentation der G 450 X Ende 2007 tritt BMW in die Fußstapfen der eigenen historischen Geländesport-Tradition. Allerdings erinnert der von BMW stammende Satz „Eine Maschine, die ab Werk bereit ist für den sofortigen Renneinsatz" doch sehr stark an den KTM-Slogan „Ready to race". Die Aussage signalisiert andererseits aber auch unmissverständlich, dass es BMW ernst meint. Die Teilnahme der Motorsportabteilung an der German-Cross-Country-Meister-schaft sowie an der Enduro-Welt-meisterschaft mit mehreren Fahrern macht deutlich, dass BMW im Geländesport wieder weltweit vorne mitspielen will.

BMW wäre aber nicht BMW, wenn man nicht auch bei diesem Modell innovative technische Lösungen zeigen würde. Hier sticht die Zusammenlegung der Lagerachse der Hinterradschwinge mit der Drehachse für das Hinterradritzel hervor. Die Längenänderung der Kette durch das Ein- und Ausfedern entfällt hierdurch. Ob die Vorteile den höheren Wartungsaufwand (Schwingenausbau bei Ritzelwechsel) dieser Konstruktion rechtfertigen, wird die Zukunft im Wettbewerb zeigen. Die Markteinführung soll Mitte 2008 erfolgen. ■

AUF EINEN BLICK	
Motor	Viertakt, Einzylinder, wassergekühlt
Bohrung x Hub	k. A.
Hubraum	449 cm³
Leistung	50 PS (37 kW)
Drehmoment	48 Nm
Gemischbildung	elektronische Saugrohreinspritzung
Antrieb	5-Gang, Kette
Ventiltrieb	dohc
Reifen	k. A.
Sitzhöhe	k. A.
Tankinhalt	8,5 l
Leergewicht	120 Kg
Höchstgeschwindigkeit	k. A.

Der stärkste Boxer aller Zeiten – die HP2 Sport

Kleines Foto: Das perfekte Fahrwerk steuert Öhlins bei.

AUF EINEN BLICK	
Motor	Viertakt, Zweizylinder-Boxer, luft-/ölgekühlt
Bohrung x Hub	101 x 73 mm
Hubraum	1.170 cm³
Leistung	133 PS (98 kW) bei 8.750 U/min
Drehmoment	115 Nm bei 6.000 U/min
Gemischbildung	elektronische Einspritzung, BMS-K
Antrieb	6-Gang, Kardan
ölgek	dohc
Reifen	120/70 ZR 17, 190/55 ZR 17
Sitzhöhe	830 mm
Tankinhalt	16 l
Leergewicht (vollgetankt)	199 kg
Höchstgeschwindigkeit	> 200 km/h

Wer dachte, dass die R 1200 S schon das Ende der Fahnenstange in Sachen Sportlichkeit bei BMW markiert, sah sich mit dem sensationellen Auftritt der HP 2 Sport extrem getäuscht. Sie reizt das Potential des Boxer-Motors mit 133 PS und maximal 9 500 Umdrehungen komplett aus. Erreicht wird diese Leistungssteigerung durch neue Zylinderköpfe mit zwei oben liegenden Nockenwellen und radial angeordneten Ventilen. Abgedeckt werden die neuen Hightech-Köpfe durch neue Carbon-Zylinderdeckel.

Überhaupt wird bei der „Sport" mit dem Werkstoff Carbon, etwa in Form des selbsttragenden Hecks, sehr verschwenderisch umgegangen. Um das Motor-Finish perfekt zu machen, werden die Einlasskanäle jeder Maschine extra nachgefräst. Die Ventile wuchsen im Vergleich zum „normalen" 1200er-Motor um zwei, beziehungsweise drei Millimeter im Auslass und Einlass. Auf der Jagd nach schnellen Rundenzeiten auf der Rennstrecke wird der Fahrer durch einen Schaltautomat, der die Schaltvorgänge ohne das aktive Ziehen der Kupplung per Hand ermöglicht, tatkräftig unterstützt. Die Zeiten ablesen kann er im 2D-Cockpit, das mit zahlreichen weiteren Funktionen glänzt. Für sicherheitsbewusste Rennstrecken-Fahrer gibt es die kraftvoll zupackenden Brembo-Monoblock-Bremsen auch mit einem speziell angepassten ABS. Das perfekte Fahrwerk steuert der Spezialist Öhlins zum Rennboxer bei. Das alles hat natürlich seinen Preis und der liegt bei 21 600 Euro. Mit Sicherheit viel Geld, aber im Fall der aufwendig gefertigten HP 2 Sport gerechtfertigt. ■

ab 2008

R 1200 GS

Auf Basis sehr guter Verkaufs-zahlen führt BMW eigentlich ohne Not für das Modelljahr 2008 an der extrem erfolgreichen R 1200 GS ein so umfangreiches Facelift vor, dass man schon von einem neuen Fahrzeug sprechen darf. Generell soll die Neue mehr Wertigkeit ausstrahlen, was auch durch die hochwertigere Oberflächengüte, der Neuformung des Schnabels und den Edelstahlblenden auf den Seitencovern durchaus als gelungen bezeichnet werden darf. Die Kraftstoffanzeige, die wegen ihrer Ungenauigkeit oft in der Kritik stand, besitzt nun einen erweiterten Messbereich und eine neue Sensorik. Im Rücklicht hat moderne LED-Technik Einzug ge-

halten. Wichtiger sind aber die technischen Veränderungen. Allen voran die Steigerung der Motorleistung auf 105 PS und das optionale Enduro-ESA mit Straßen- und Offroad-Modi. Hierbei kann der Fahrer über ein Controlpanel am Lenker das Fahrwerk per Knopfdruck auf den jeweiligen Bedarf einstellen. Nicht nur ein Komfort- sondern auch ein großer Sicherheitsgewinn. Der Fahrerplatz wurde durch einen neuen konifizierten Alulenker ergonomisch verbessert.

So aufgestellt, erklimmt die R 1200 GS die höchste Evolutionsstufe der Neuzeit und kostet ohne Extras 12 500 Euro zuzüglich Liefer- und Nebenkosten. ∎

R 1200 GS mit Edelstahlblenden
aufgewertet in Namibiaorange

AUF EINEN BLICK	
Motor	Viertakt, Zweizylinder-Boxer, luft-/ölgekühlt
Bohrung x Hub	101 x 73 mm
Hubraum	1.170 cm³
Gemischbildung	elektronische Einspritzung, BMS-KP
Leistung	105 PS (77 kW) bei 7.500 U/min
Drehmoment	115 Nm bei 5.750 U/min
Antrieb	6-Gang, Kardan
Ventiltrieb	hc
Reifen	110/80 R 19, 150/70 R 17
Sitzhöhe	850/870 mm
Tankinhalt	20 l
Leergewicht (vollgetankt)	229 kg
Höchstgeschwindigkeit	> 200 km/h

Danksagung / Quellenverzeichnis

Ein Dankeschön möchte ich richten an:

Katja, die viel Zeit in das Lesen und Korrigieren meiner Texte und der technischen Daten investiert hat.

Martin Distler, mit dem sich die Zusammenarbeit im Verlag sehr angenehm und professionell gestaltet hat.

Fred Jakobs und Robert Groh aus der BMW Mobile Tradition in München, die sich nicht nur die Zeit für ein ausführliches und informatives Gespräch nahmen, sondern mich auch aktiv bei der Recherche unterstützten.

Als Informationsquellen dienten:

Das Buch von Stefan Knittel „BMW Motorräder – 65 Jahre Tradition und Innovation" in der dritten Auflage von 1990 und „BMW Motorräder – 1923 bis 1990" (S. Knittel und R. Slabon), sowie der „Typenkompass BMW – Motorräder seit 1945" von Jan Leek in der zweiten Auflage von 2003. Im Bereich der Online-Recherche habe mir die Webseiten unter historischesarchiv.bmw.de, bmw-motorrad.de, flying-brick.de und bmbikes.co.uk weitergeholfen.

Alle Abbildungen auf dem Umschlag und im Innenteil: BMW Group und BMW AG Historisches Medienarchiv. Außer: S. 4, 69, 155, 188: Torsten Kämpfer und S. 36 und 169: Archiv Motorrad Abenteuer.

Tipps und Tricks für Biker

Als Biker wissen Sie es: Motorradfahren ist eine hohe Kunst. Doch selbst Fahrer mit langjähriger Fahrpraxis geraten manchmal in Situationen, in denen es auf Sekundenbruchteile ankommt. Mit René Degelmann konnte für dieses Buch ein Fahrer der Extraklasse gewonnen werden, der Ihnen seinen reichen Erfahrungsschatz verrät. Ob Aufsteiger oder »alter Hase«, mit diesem Ratgeber profitieren Sie von zahlreichen Tipps und Tricks. Der Clou: nicht durch umständliche Texterklärungen, sondern in hervorragend fotografierten Bilderserien wird Ihnen gezeigt, wie's geht!

René Degelmann
Das Motorrad perfekt beherrschen
Fahrtechnik für Aufsteiger und Könner
144 Seiten, ca. 130 Abb.,
16,5 x 23,5 cm, Broschur
ISBN 978-3-7654-7785-0

Fahren im Gelände ist die hohe Kunst der Motorradbeherrschung. »Offroad perfekt!« macht Anfänger mit dieser Kunst vertraut und zeigt Könnern, wie es noch besser geht. Es beginnt mit der gründlichen Vorbereitung von Mensch, Maschine und Ausrüstung. Dann werden die fahrerischen Grundlagen anschaulich erläutert und professionelle Fahrtechniken auf jedem Untergrund dargestellt. Denn: Wer im Gelände sicher fährt, der kommt auf der Straße und im Alltag ebenfalls spielend klar!

René Degelmann
Offroad perfekt!
Mit dem Motorrad im Gelände
144 Seiten, ca. 240 Abb.,
16,5 x 23,5 cm, Broschur
ISBN 978-3-7654-7707-2

Faszination Motorrad

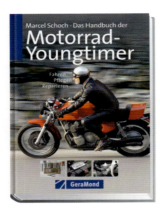

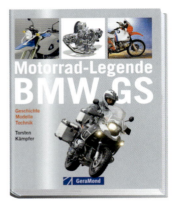

Sie denken bei »Ténéré« nicht an die Wüste und bei »V-Max« nicht an den Physikunterricht? Dann viel Spaß mit dem lückenlosen Yamaha-Typenbuch von GeraMond!

Georg Mühlbacher
Yamaha Typenbuch
Die komplette Modellgeschichte
144 Seiten, ca. 180 Abb.,
17,0 x 24,0 cm, Hardcover
ISBN 978-3-7654-7702-7

Unverzichtbarer Ratgeber für Youngtimer-Fahrer mit Tipps für Kauf und Wartung, Reparatur und Restaurierung bis zur günstigen Ersatzteilbeschaffung.

Marcel Schoch
Motorrad-Youngtimer
Fahren – Pflegen – Reparieren
192 Seiten, ca. 180 Abb.,
17,0 x 24,0 cm, Hardcover
ISBN 978-3-7654-7781-2

Dieser Bildband stellt sämtliche BMW GS-Motorräder bis zur aktuellen R 1200 GS detailliert vor. Ein Muss für alle GS-Fahrer und Enduro-Fans!

Torsten Kämpfer
Motorrad-Legende BMW GS
Geschichte – Modelle – Technik
168 Seiten, ca. 180 Abb.,
22,3 x 26,5 cm,
Hardcover mit Schutzumschlag
ISBN 978-3-7654-7782-9